Ensayos InterAmericanos

Volumen 11

Editores | Herausgeber

Wilfried Raussert
Center for InterAmerican Studies, Universidad de Bielefeld
Olaf Kaltmeier
Center for InterAmerican Studies, Universidad de Bielefeld

Paola Ravasio

Este tren no está destinado a la gloria

Un estudio de ferropaisajes literarios

Este tren no está destinado a la gloria
Un estudio de ferropaisajes literarios.

Autorin: Paola Ravasio
Übersetzung aus dem Englischen: Erika Abril
Ensayos InterAmericanos, Vol 11
Bielefeld: Kipu-Verlag, 2020

Print ISBN: 978-3-946507-61-1
Ebook- ISBN: 978-3-946507-62-8

Diese Publikation wurde unter Verwendung der vom Bundesministerium für Bildung und Forschung (BMBF) bereitgestellten Mittel veröffentlicht.

Cover Image: Maria Tomeczek

Kipu-Verlag
c/o
Center for InterAmerican Studies (CIAS)
Universität Bielefeld
PF 101131
33501 Bielefeld, Deutschland
http://www.uni-bielefeld.de/cias/

Contenido

Introducción

Imagen 1: Los rieles del tren en Calle Blancos, San José, Costa Rica (© Ravasio 2017)

…Las Américas – Tierras de Lágrimas
Cubena, *Chombo*

La representación literaria del sistema ferroviario es de gran utilidad para visualizar cómo se correlacionan el mundo social y la movilidad en las Américas. Definidos aquí como la unión de lo social y lo móvil, los *ferropaisajes literarios* (en inglés, *literary trainscapes*) reflejan cómo la movilidad ha sido fundamental para la conformación de las sociedades modernas, definiendo sus rasgos, patrones y estructuras de (trans)formación social. Extraídos de la propia textura narrativa de las novelas, los ferropaisajes literarios se constituyen como un entrelazamiento de representaciones pictóricas construidas en torno al tren. Más concretamente, son nodos narrativos complejos creados en torno a la movilidad del capital humano y material por el sistema ferroviario, los cuales son a la vez interdependientes de las economías que mueven dicho capital. Las siguientes páginas pretenden demostrar cómo los ferropaisajes (también, *fps*) correlacionan las in/movilidades espaciales y sociales en torno a las líneas del tren, prestando atención a cómo se representan las relaciones dinámicas entre los cuerpos, el movimiento y el dinero en las narrativas a analizar a continuación.

Los *fps* literarios se componen a través de dos niveles superpuestos. *Infraestructuralmente* representan escenarios, personas, bienes e historias en movimiento. Estos elementos componen la tríada *tren-gente-dinero* a partir del movimiento y la inmovilidad. *Informativamente*, los *fps* despliegan una retórica de circulación (cf. Tsing 2002) que abarca contenido social mediante la representación literaria de la movilidad, la explotación económica y la (ir)regulación política. Bajo este marco de pensamiento, los *fps* reflejan la afirmación de Mimi Sheller, para quien "los sistemas de movilización son tanto informativos como infraestructurales" (2014, 799)[*] y por lo tanto se abordan aquí como metáforas (del griego μεταφορά) que ejemplifican sistemas de movilización, inmovilidades y permanencias (cf. Hannam,

* De aquí en adelante, las traducciones de las citas en otros idiomas distintos del español son de la traductora.

Sheller y Urry 2006). Entendidas como la transferencia de una palabra a una nueva acepción, las metáforas *conllevan* (gr. φέρω) una connotación que ha sido transferida de un significado a otro (gr. μετά).[1] En este sentido, los *fps* son metafóricos debido a que *soportan* la conjunción de lo social y lo móvil bajo la forma del *mundo ferroviario*, es decir, a través de la tríada *tren-gente-dinero*. Aquí lo social se representa como una 'geografía híbrida de materialidades' compuesta por la interacción entre máquina-cuerpos-dinero, la cual coexiste y es codependiente con prácticas de movilidad diferenciadas (Hannam, Sheller, y Urry 2006, 14). Como consecuencia, los *fps* literarios representan "kinéticas[*] sociales" (en inglés *social kinetics*; cf. Bryson 2003, 75) que revelan cómo opera la movilidad dentro de los campos de poder, esbozando cómo el movimiento de capital humano y material se representan tanto como productos, como productores de poder (Cresswell 2006). Los ferropaisajes, por lo tanto, no se reducen únicamente a la representación del tren, cuyo potencial semiótico es en sí mismo ilimitado.

El sistema ferroviario representa el primer esquema de transporte masivo y mecanizado de la modernidad (Harrington 2000), el cual revolucionó, es decir, 'aniquiló' los conceptos de espacio y tiempo en el siglo diecinueve (Schivelbusch 2014). Aunque la movilidad humana era tan central para los antiguos imperios como para las estructuras de poder de la modernidad temprana (Sheller 2014), el movimiento de personas, información y bienes materiales sufrió transformaciones revolucionarias con el *caballo de hierro*. En efecto, "el tren actuó como una metonimia de la modernidad – su propia existencia atestiguó la presencia y la legitimidad de lo moderno" (Aguiar 2008,

---

1 En la *Poética* (1457b), Aristóteles define la metáfora como "la aplicación de un término extraño, ya sea transferido del género y aplicado a la especie o de la especie y aplicado al género, o de una especie a otra o por analogía. [...] La metáfora por analogía significa esto: cuando B es a A como D es a C, entonces en lugar de B el poeta dirá D y B en lugar de D".

* La palabra "kinética" aparece a lo largo de este estudio con *k*-inicial en vez de con *c*- para enfatizar su origen etimológico (del griego *kinētikós*, palabra derivada de *kinēsis*), el cual expresa "movimiento".

71), inaugurando así la modernidad como "una marcha obsesiva hacia adelante" (Bauman 1990, 10). Al igual que otros sistemas de movilidad, el ferrocarril transportaba cosas y personas de un lugar a otro. Lo que lo diferenciaba radicalmente de estos, sin embargo, era el hecho de que *la ruta/el recorrido* y *el vehículo* se convertían en una misma cosa con el ferrocarril (Schivelbusch 2014, 16). Mientras que, por otro lado, la materialidad limitada de las movilidades del pasado fue reemplazada por las cualidades de *velocidad*, *intensidad* y medios *tecnológicos* (cf. Sheller 2014, 794 y Aguiar 2008). Aspectos que necesariamente condujeron a una importante compresión de los vectores espacio-temporales, acercando personas y lugares. Esto modificaría drásticamente las sociedades desde el punto de vista de la conectividad, así como también impulsaría el desarrollo del capitalismo industrial en las décadas venideras. Como contrapartida a los procesos de industrialización y modernización del siglo diecinueve, estas innovaciones abrieron el camino para que el sistema ferroviario transformara las sociedades y sus economías precisamente a partir de las nuevas movilidades que implementaba. Tal y como lo explica Harrington (2000), el sistema ferroviario no sólo significó la industrialización de la velocidad y el desplazamiento por medio de una gran máquina móvil que transportaba vagones mientras se deslizaba sobre ruedas y rieles. Las personas como pasajeros, y por extensión las experiencias de socialidad y las estructuras sociales por igual, experimentaron transformaciones fundamentales.

Intrínsecamente ligadas a una ideología de progreso, las nuevas posibilidades de movilidad que el tren representaba materializaron nuevos ideales de libertad y de superación socioeconómica, así como también tuvieron un efecto democratizador y nivelador en la sociedad (Harrington 2000, 229-231). No sólo esto sino que nuevas subjetividades emergieron en torno a la experiencia ferroviaria. Harrington amplía el excurso expuesto por Schivelbusch acerca de las patologías causadas por el ferrocarril, como por ejemplo la fatiga industrial y el trauma, y profundiza en las nuevas subjetividades neuróticas de la modernidad como consecuencia del viaje en tren.[2] El autor subraya sobre todo cómo dicho viaje se convirtió en una experiencia colectiva que remodeló las relaciones y los espacios sociales de la sociedad victoriana del siglo diecinueve. Pues convirtió la experiencia privada e individual en una de socialidad pública de masas, señala Schivelbusch (cf. Bissell 2009). Una interacción social más amplia y extensa fue posible gracias a la creación de nuevos espacios de permanencia como las estaciones de tren, el andén, los vagones de tren y el propio viaje comunal, lo cual revolucionó el concepto y la práctica física del desplazamiento a través de nuevas dinámicas de "estar con otros" (Bissell 2009). Asumiendo la tensión de las sociedades plurales en movimiento, el sistema ferroviario amplificó las dimensiones de la interacción social a través de la circulación, el intercambio y el viaje, transformando así la experiencia social. Esta se volvió fluida y mecanizada, lo cual llevó a que inevitablemente emergieran diferentes espacios sociales dentro de las nuevas sociedades modernas. A medida que el sistema ferroviario se expandió por todo el mundo en el siglo diecinueve bajo el manto colonial europeo y los procesos de colonización de los Estados Unidos (Thompson 2014, 214), los países latinoamericanos también intentaron formar parte de la gran narrativa del progreso a través de un sistema de transporte modernizado. En estos procesos, las movilidades y las realidades sociales se transformaron de manera contigua a medida que las personas, las máquinas, el dinero, las ideas y el poder se volvían móviles de manera exponencial (Sheller y Urry 2006). Las redes socioeconómicas fueron transformadas asimismo por la movilidad tecnológicamente mejorada.

La siguiente monografía lleva a cabo un análisis interamericano de *fps* literarios con el fin de abordar los entrelazamientos sociohistóricos de las Américas de manera interconectada y transversal (cf. Raussert 2014). *Este tren no está destinado a la gloria* se instaura por

2 El autor nombra el miedo a la mezcla social, el potencial para el desorden y la violencia, la agresión sexual y la criminalidad, la regulación y el control y el estrés de la puntualidad. Todas estas vivencias combinadas produjeron nuevas subjetividades (es decir, ansiedad, presión, estrés, agotamiento, miedo) que afectaron la salud de las personas de maneras antes desconocidas.

lo tanto dentro de los estudios interamericanos ya que, tal como lo explica Olaf Kaltmeier en *The Routledge Handbook to the History and Society of the Americas* (2019), dicho campo "percibe las Américas a partir de entrelazamientos múltiples, interconectados y determinados por relaciones históricas de poder" (5). Algo que los ferropaisajes literarios revelan a través de su tejido intertextual. Los estudios interamericanos han desafiado además el uso de conceptos rígidos como 'Norte' y 'Sur' a la hora de acercarse a la región, desarrollando más bien un "modelo de diálogo horizontal" entre los estudios latinoamericanos, caribeños y norteamericanos (i.e. de los Estados Unidos y Canadá; Raussert 2015, 2). Tal como lo recalca Wilfried Raussert en la introducción de *The Routledge Companion to Inter-American Studies* (2017), dichos estudios se enfocan más bien en las yuxtaposiciones, las superposiciones y las capas históricas que dan forma a la región, lo que el prefijo *inter-* implica (cf. Luz 2006, 146). Consecuentemente, dicha disciplina conceptualiza las Américas como un espacio de "*entrelazamientos* históricos, culturales, políticos y económicos" (Raussert 2017, 3; énfasis añadido). La serie de manuales de estudio editada por el Centro de Estudios Interamericanos (Universidad de Bielefeld) y publicada por la editorial *Routledge* enfatiza y desarrolla esta novedosa perspectiva interamericana, abarcando temáticas como historia y sociedad en las Américas (Kaltmeier et al 2019), las culturas y los medios de comunicación de las Américas (Raussert et al 2019), así como también su economía política y gobernanza (Kaltmeier et al 2020).

Las siguientes páginas examinan los espacios y las historias entrelazadas de la región a partir de dichas premisas y mediante la representación literaria del mundo ferroviario. El ensayo aborda así las Américas como un espacio de entrelazamientos y tiene por objetivo poner de relieve las superposiciones multidimensionales y las interacciones multidireccionales que han entretejido la región a través del tiempo y del espacio. Por lo que *Este tren no está destinado a la gloria* participa asimismo en el desarrollo de dicho campo al explorar las Américas como un espacio móvil y de entrelazamientos (cf. *Mobile and Entangled America(s)*, Graham y Raussert 2016). A partir de una óptica más bien hemisférica, dicho abordaje apunta a revelar aquellas relaciones históricas de poder que se superponen y consolidan las Américas como un espacio de entrelazamientos a causa de economías móviles transnacionales y a través de categorías como la repetición, la fragmentación y la desigualdad. La intención aquí es subrayar estructuras asimétricas de poder e interconexiones y relaciones transversales entre los territorios americanos (cf. Raussert 2017, 11) por medio de los ferropaisajes literarios, el cual representa por lo demás un tropo interesante para el paradigma interamericano. Por último, dado que "[l]a migración y los flujos han configurado de manera creciente la mayor parte de los acontecimientos sociales, económicos y culturales recientes en las Américas" (Raussert 2015, 20), el aspecto de la *movilidad*, un tropo clave de los estudios interamericanos, es fundamental a esta discusión.

Determinados en gran medida por el *mobility turn* que ha tenido lugar en las ciencias sociales en las últimas décadas, temas relativos a la interconexión de movimientos y movilidades se han convertido en el foco de atención de las discusiones contemporáneas sobre las múltiples estructuras de la modernidad, lo *social* siendo de importancia innovadora. Los editores de *The Routledge Handbook of Mobilities* (2014) explican cómo un *giro material* en las ciencias sociales y las humanidades ha llevado a los académicos a inevitablemente replantearse lo que lo social podría ser realmente, reconfigurándolo como algo "móvil" (Adey et al 2014, 12). Entendido por Tim Cresswell (2010) como una dinámica estructural "entre clases, géneros, etnias, [y] nacionalidades" (21), lo social está siendo abordado en las ciencias sociales y en las humanidades desde la perspectiva que enfatiza el papel predominante que tiene la movilidad en el establecimiento de una intrincada relacionalidad entre lugares, bienes y personas. Esta compleja interacción es además coproducida, practicada y representada en relación con las movilidades e inmovilidades que están determinadas a la vez por la interseccionalidad entre género, raza y clase (Sheller 2014, 795). La movilidad, por lo tanto, es vista esencialmente como un fenómeno social (Urry 2000) construido en interdependencia con la movilidad espacial y social,[3] lo cual necesariamente implica una relación recíproca con las dimensiones políticas, económicas y éticas del movimiento desigual (Sheller 2014). Contrario a la teoría e investigación tradicional en las ciencias sociales, considerada 'estática', este nuevo paradigma intenta ilustrar la movilidad diferenciada y su efecto en el mundo social, y viceversa (Sheller 2014; Sheller y Urry 2006).

Si bien las siguientes páginas proponen los ferropaisajes literarios en tanto categoría de análisis interdisciplinario, el presente ensayo reflexiona asimismo acerca de la configuración de lo social en las Américas a través de la movilidad desplegada por el mundo ferroviario. *Este tren no está destinado a la gloria* se enfoca por lo tanto en la representación literaria de diversas dinámicas sociales a partir de su correlación con prácticas desiguales de movilidad, las cuales han sido impulsadas por el tren, por un lado, y definidas por el capitalismo transnacional estadounidense en Centroamérica, por otro. Los *fps* son abordados aquí con el propósito de revelar primordialmente cómo la representación literaria del mundo ferroviario correlaciona el desplazamiento y la inmovilidad *espacial* con la inmovilidad *social*. Contribuye por lo mismo a la discusión sobre la configuración del mundo social en las Américas – "considerada una de las regiones de mayor injusticia social en el mundo" (Kaltmeier y Breuer 2020, 205). Por consiguiente, el análisis extrae una *dialéctica de in/movilidades* de las narrativas elegidas al preguntarse, fundamentalmente, ¿de qué manera los ferropaisajes literarios elucidan el modo en que el poder se construye y se entrelaza en las Américas a través de la movilidad? ¿Quiénes se cruzan en los ferropaisajes literarios, dónde y cómo? ¿Cuáles son las metáforas móviles del (neo)colonialismo, el (anti)imperialismo y la opresión? ¿Qué tipo de economías perpetúan esto? ¿Qué movimientos se oponen a ellos y los contrarrestan?

---

3 Para una discusión sobre las diferencias e intersecciones entre la movilidad social y espacial, véase Kaufmann, Bergman y Joye 2004, 746-749. Véase también Hannam, Sheller y Urry 2006.

El desplazamiento y la movilidad son, en efecto, un aspecto central de la existencia histórica y contemporánea (Sheller 2014). No es casualidad que Cresswell haya indicado que "las narrativas fundacionales de la modernidad se han construido sobre el puro hecho de moverse" (2010, 21). Lo que difiere entre estas narrativas, aclara el autor, son sin embargo los significados y las representaciones atribuidos a las prácticas de movimiento, los cuales son específicos histórica y geográficamente. Es decir, las movilidades e inmovilidades se ilustran de manera diferente según los espacios nacionales y los períodos históricos a los que pertenecen (Skeggs 2004, 48), quedando así codificados cultural y socialmente en sus representaciones (Cresswell 2010, 20). La historia y la ideología implican juntos tal codificación. La ilustración de Cresswell del trovador, el vagabundo y el peregrino en la Europa feudal ejemplifica cómo los significados y las representaciones sociales de estos en tanto "clase de hombres móviles sin amo" fueron construidos como social y moralmente amenazantes al orden establecido. No obstante, señala el autor, los discursos construidos en torno a las movilidades modernas – las cuales se vieron definidas por los nuevos medios de transporte como el ferrocarril – fueron relacionados por el contrario a connotaciones moralmente positivas como libertad, autonomía y progreso (27).

Como metáforas que representan sistemas de movilidad e inmovilidad, los *fps* padecen también modificaciones en sus representaciones y significados según sus cristalizaciones sistemática e históricamente contingentes. Su contenido y forma devienen, por lo tanto, plural y multiforme y sus variadas representaciones literarias hacen evidente cómo su codificación narrativa corresponde a imaginaciones históricas específicas. Por lo que los *fps* literarios son examinados aquí como metáforas de in/movilidad que poseen una subestructura de significado histórico y cuyo contenido social hace posible estudiar las Américas como un espacio de entrelazamientos móviles.[4] No obstante, vale la pena resaltar que, a pesar de dichas divergencias, los *fps*

4 Véase Blumenberg (*Paradigms for a Metaphorology* 2010), quien afirma que "las metáforas también pueden ... ser *elementos fundamentales* del lenguaje filosófico" (2010, 6). Éstas, continúa, sufren transformaciones según la "metakinética de los horizontes históricos del sentido" (ibíd.). Tal

literarios esbozan por igual una kinética social que procede de la movilidad ferroviaria, retratando por lo tanto paralelismos notables entre sí. Dichas similitudes visibilizan por su parte las yuxtaposiciones y las superposiciones que entrelazan las Américas, tanto respecto de los procesos sociohistóricos del pasado (*res gestae*), como a través de la producción literaria de la región que se refiere a dicho pasado (*res gestarum*), a lo que en este estudio se le llama 'imaginación histórica'.

Partiendo del hecho de que las movilidades orquestan nuevas interacciones entre actores y estructuras en contextos específicos, este estudio aborda el mundo ferroviario en tres diferentes imaginaciones históricas centroamericanas en su relación con los Estados Unidos. Éstas se refieren a la construcción del Canal de Panamá, a la presencia de la United Fruit Company en Centroamérica y, por último, a la caravana humana que atraviesa México hacia la frontera de los Estados Unidos hoy en día. Este enfoque interamericano explora los *fps* como un objeto de contemplación histórica, el cual proyecta en cada reformulación la historicidad de su contenido de acuerdo con los motivos, necesidades e intereses de determinados escritores en momentos y lugares específicos. Por ello, las narraciones del mundo ferroviario se descifran de acuerdo con las particularidades históricas y geográficas de las historias que se cuentan, tanto ficticias como reales, tomando en consideración un "contexto plurilocal e histórico-político específico" (Kaltmeier 2019, 2) y examinándolo a través de un lente hemisférico que permite aprehender las dimensiones transnacionales e in-

---

como los conceptos, las metáforas también soportan modificaciones en sus representaciones y significados porque se originan en condiciones históricas específicas, teniendo así "una *historia*" *propia* (34). Llevando a cabo una *metaforología* de los emblemas intelectuales del pensamiento occidental como la 'cueva', Blumenberg propone una reflexión crítica que traza la particular *subestructura* de significado de la metáfora, relacionándola con su historia conceptual (6). En el siguiente estudio los *fps* son puestos en relación con los procesos sociohistóricos que las narrativas recrean para así extraer sus propias subestructuras de significado sociohistórico.

teramericanas que componen las Américas como un espacio de entrelazamientos. Una hermenéutica comparativa de *fps* extrae así una dialéctica de in/movilidad intertextual a partir de la cual se construye un marco relacional entre varios escenarios sociohistóricos, trazando sobre todo el hecho de que la movilidad no existe como movimiento abstracto ni descontextualizado de los diferenciales de poder (Cresswell 2006).

Dado que la movilidad se considera directamente relacionada con la conectividad y el empoderamiento, pero también con la desconexión y la exclusión social (Sheller 2014), el propósito aquí es demostrar cómo, en las narrativas indicadas, la movilidad es fundamental para la producción y reproducción de las relaciones de poder (Cresswell 2010). Siguiendo a Doreen Massey (1993), "las geometrías del poder" corresponden a las formas en que los diferentes grupos sociales e individuos se relacionan con la movilidad, destacando *el poder* como la característica central que diferencia estas relaciones. En palabras de la autora, "algunos [grupos sociales o individuos] están más a cargo de [la movilidad] que otros; algunos inician los flujos y movimiento, otros no; algunos están más en el extremo receptor que otros; algunos están efectivamente encarcelados por ello" (61). El análisis a continuación pretende poner al descubierto de qué manera los *fps* plasman "jerarquías kinéticas" (*kinetic hierarchies*; Cresswell 2010, 26) al retratar cómo las movilidades se instalan, se llevan a cabo y se localizan dentro de campos de poder. Estas jerarquías evidencian cómo "la movilidad y el control sobre la movilidad reflejan y refuerzan el poder", tal como lo subraya Skeggs en su libro *Class, Self, Culture* (2004, 49). Como señala el autor, no todo el mundo tiene la misma relación con la movilidad mientras en movimiento.

La capacidad de ser social y geográficamente móvil está directamente relacionada con el acceso diferenciado y con la apropiación efectiva de habilidades y competencias necesarias para la movilidad socio-espacial. Kaufmann, Bergman y Joye (2004) han denominado esto "motilidad" (*motility*). Comprendido por Hannam, Sheller y Urry como "una dimensión crucial de las relaciones desiguales de poder" (2004, 3), la motilidad tiene que ver con la capacidad que tienen las entidades para convertirse móviles, ya sean personas, bienes o información. Esto, sin embargo, es interdependiente de las formas en que tales entidades pueden acceder y encarnar la movilidad socio-espacial de acuerdo con sus circunstancias (Kaufmann, Bergman y Joye 2004, 750). Por consiguiente, los autores aclaran el concepto bajo la rúbrica "movilidad como capital", resaltando la desigual distribución de acceso, habilidades y posibilidades que tienen dichas entidades para devenir móviles respecto a las oportunidades físicas, sociales y políticas propias (Sheller 2014, 797). Basándose en la kinética social, en las jerarquías kinéticas y en la motilidad como elementos intrínsecos a las geometrías de poder, las siguientes páginas delinean los *fps* a través de una dialéctica de in/movilidades que crea jerarquías de clases sociales y, de manera recíproca, jerarquías sociales de movilidad.

El presente estudio está estructurado en tres partes que organizan una intertextualidad de las movilidades de hombres, mujeres y niños siguiendo las cualidades de velocidad, fricción y estancamiento. Cada capítulo realiza una hermenéutica de las representaciones literarias de las movilidades y permanencias presentes en cada narrativa, extrayendo metáforas móviles que proyectan una retórica de circulación. La primera parte, "Trazando el camino", se centra en la novela *Chombo* (1981) de Carlos "Cubena" Guillermo Wilson. Esta sección extrae una dialéctica de in/movilidad a partir de tres tramas internas que despliegan una retórica de circulación compuesta por el partir y la imposibilidad de regresar al lugar de origen. Dichas movilidades se estudian en relación con la obstrucción del ascenso social de los afroantillanos en Panamá. Aquí, los ferropaisajes muestran el mundo social atrapado entre la diáspora caribeña[5] y la comunidad imaginada

5 En *Global Diasporas* (2008), Cohen describe cuatro fases de los estudios sobre la diáspora y explica "Diáspora" en singular y en letra mayúscula refiriéndose a una primera fase, la cual originalmente se circunscribía a la experiencia judía. El autor analiza cómo Safran (1991) reconfiguró esta exclusividad y expandió el concepto para abarcar un grupo más amplio de personas en desplazamiento, como los expatriados y los refugiados políticos (segunda fase). Según Cohen, en la década de 1990 se produjo una tercera reconstitución del concepto influida por la teoría postmoderna. El bagaje conceptual de las "diásporas" se transformó entonces en una construcción más "flexible y situacional" (2008, 5). Actualmente, los estudios

panameña (Anderson 1996) debido a las consideraciones raciales de ciudadanía que marginaron a los obreros migrantes, quienes más tarde se convirtieron en *afrocentroamericanos*.[6]

La segunda parte, "¿Todos a bordo?", se inspira en la "venganza de lo inmóvil" (cf. Bissell y Fuller 2009) y se centra en la inmovilidad y el estancamiento social, tal y como se representa en tres textos pertenecientes al género de la novela bananera: "Bananos y hombres" (Lyra 2001 [1931]), *Bananos* (Quintana 2002 [1942]) y *Prisión Verde* (Amaya Amador 1957 [1950]). Contrario al ideal de libre movimiento y circulación intrínseco a la simbología del sistema ferroviario, el cautiverio, el desplazamiento moribundo y la obstaculización del ascenso social caracterizan la vida de los peones dentro de la economía bananera de la United Fruit Company. En la tercera parte se realiza por último una detallada hermenéutica de la representación del tren de carga coloquialmente llamado La Bestia y según aparece en el primer poema de la antología titulada *Libro centroamericano de los muertos* (Balam 2018). "Sobre La Bestia" se centra así en el desplazamiento y las experiencias de inmovilidad de los migrantes centroamericanos que atraviesan México sin documentación. El capítulo explora las metáforas móviles de la crucifixión, la desaparición y las movilidades *urobóricas*, es decir, cíclicas (del griego ουροβόρος). El

---

de diáspora incorporan concepciones postmodernas desterritorializadas, al mismo tiempo que la 'patria' se resalta como central en su constitución (cf. Ravasio 2020, 28).

6 Al definir "afrocostarricense", el antropólogo Michael Olien distinguió entre "negros africanos" (la fuerza de trabajo esclava de la época colonial), "negros antillanos" (trabajadores proletarios caribeños de la United Fruit Company, principalmente jamaiquinos) y "negros costarricenses" (negros nacidos en Costa Rica y que han sido reconocidos como ciudadanos costarricenses desde 1949; Olien s.f., citado en Herzfeld 1978 y 1994). Siguiendo a Olien, utilizo 'afrocentroamericanos' para referirme a los descendientes de la mano de obra migrante proveniente de las islas caribeñas que se reasentó en Centroamérica en el siglo veinte. Para una discusión sobre el concepto de "afrocentroamericanidades" y su conformación a partir de dislocación y translocación entre el istmo y el Caribe, ver Muñoz Muñoz (2019).

mundo social será abordado y definido en cada sección por la intersección de las in/movilidades sociales y espaciales determinadas por el mundo ferroviario, cuya retórica de circulación se extrae a partir de la narrativización de la partida, el desplazamiento y el arribo.

Por último, se debe mencionar que el título del presente estudio está motivado en la canción de góspel "This Train is Bound for Glory" [Este tren está destinado a la gloria],[7] cuyo contenido preconiza un viaje espiritual donde el tren encarna una metáfora de libertad en tanto símbolo de liberación (Floyd 1993, 36). De ahí que el destino final sea la *gloria*, es decir, un estado de dicha y prosperidad existencial. No obstante, dado que el estudio de los ferropaisajes literarios subraya una realidad indiscutiblemente contraria a lo que el título sugiere, el adverbio de negación "*no*" ha sido incorporado intencionalmente para enfatizar la naturaleza del mundo social a analizar. En efecto, el argumento principal del presente estudio sostiene que los ferropaisajes literarios construyen una narración en torno a los marginados móviles de la modernidad, retratando así porqué 'este tren *no* está destinado a la gloria'. Recordando el epígrafe que ha inaugurado esta introducción, las siguientes páginas trazarán más bien el curso de esas lágrimas que corren por las oxidadas vías del mundo ferroviario interamericano.

---

7 Si bien Cohen (1981) ha rastreado los orígenes de la canción a la cultura musical del góspel negro de los años veinte en los Estados Unidos, han sido las diversas grabaciones por la cantante afroamericana Sister Rosetta Tharpe ("This Train", 1939-1943) las cuales la popularizaron, dando hincapié al surgimiento de varias otras versiones, como por ejemplo por Bob Marley o Johnny Cash. Para un estudio sobre el tropo del tren a través del tiempo y géneros musicales, ver Maxile (2011).

Trazando el camino

Imagen 2: "Las vías que van al norte, Ixtepec, Oaxaca."
(© Noel Criado; en García Bernal y Núñez Jaime 2011, 154)

En *Memories Have Tongue* (1991), Afua Cooper poetiza historias individuales como parte de sus recuerdos familiares. En sus singularidades particulares, sin embargo, éstas amplían una memoria colectiva sobre los desplazamientos diaspóricos de poblaciones afrodescendientes. Refiriéndose a historias de movilidad a través del tiempo y el espacio, Cooper poetiza la travesía del Atlántico en tiempos coloniales por un lado (el *Middle Passage*) y el posterior desplazamiento desde las islas del Caribe hacia el exterior en una economía neocolonial por otro. En el poema en prosa titulado "Roots and Branches", Cooper da forma literaria a su genealogía refiriéndose a cómo sus bisabuelos vinieron de África, se vieron obligados a reasentarse en Jamaica como esclavos, y cuyos hijos y más tarde nietos libres emigraron de nuevo, algunos de los cuales volvieron a casa para luego viajar una vez más. Tal fue el caso de su tío Willie, quien "se fue a trabajar a Panamá y se convirtió en una celebridad instantánea al regresar a Jamaica"; quien se hizo más famoso por su estancia en Cuba con la familia posteriormente; y quien llevaba con estilo "su traje panameño" (Cooper 1992, 25 y 21). Junto con "My Mother", "My Father's Mother" y "Song of Willie", sus poemas ilustran cómo la memoria histórica es colectiva y a la vez individual, ya que ambas constituyen una intertextualidad en la que la una es indisoluble de la otra (Nora 1989; Halbwachs 1967). Dicho de manera elegante, "la memoria individual no es más que un enclave de la memoria colectiva" (Ricoeur 2000, 734). Su historia personal como poeta jamaicana residente en Toronto se despliega así en forma de *raíces* que se extienden en varias direcciones a través de múltiples *rizomas* que crean inevitablemente una imaginación histórica afrocaribeña en forma de *rutas* y *raíces* (cf. Glissant 1999, 66f.; Gilroy 1995).

Al igual que Cooper, el escritor y sociólogo afropanameño Carlos "Cubena" Guillermo Wilson recrea en *Chombo* (1981) una historia de raíces caribeñas reubicadas en Centroamérica al instalar un diálogo narrativo entre historias ficticias y datos históricos reales. Una novela que pone de relieve historias como la del tío Willy de Cooper, *Chombo* evoca a través de tramas individuales el amplio proceso sociohistórico (*res gestae*) concerniente a la diáspora afrocaribeña en

Panamá a causa de la construcción del Canal. El desarrollo de la novela se constituye en efecto en torno al desplazamiento, la movilidad y el estancamiento de sus personajes. En la novela los barcos Waterloo y Telémaco desplazan constantemente a la gente de las islas del Caribe anglófono como Jamaica, Barbados y Trinidad a la *dolorosa cintura de América* y viceversa (cf. Kohut y Mackenbach 2005). Los trabajadores negros, así como sus esposas, hijas y nietas, van y vienen en busca de trabajo y de sus familiares desaparecidos, quienes emigraron antes que ellos con propósitos similares, cuando no exactos. Narradas con un "español antillano" que cambia de código entre el español y el inglés caribeño (cf. Smart 1984, 31-50), las historias de esperanza, pobreza y racismo que vivieron las comunidades diaspóricas afrocaribeñas durante y después de la construcción del *Big Ditch* reconstruyen la Zona del Canal de Panamá como un territorio de enclave. Dicha descripción despliega notables paralelos con las novelas bananeras centroamericanas, que a su vez son retratos de los enclaves bananeros conocidos como "banana republics", una expresión popularizada por el escritor estadounidense O. Henry en su cuento "The Admiral" (1904, 132). El paralelo que más destaca es la representación del tren que atraviesa los paisajes sociales de la novela como un "espacio sin espacio" (Foucault 1986, 27), conectando lugares y personas a lo largo de un mapa cuyas rutas han sido trazadas por geometrías de poder. Aproximándose a las dinámicas de poder latentes detrás de las historias in/móviles de los personajes, la pareja conceptual de 'rutas y raíces' adquiere así un nuevo significado. En lugar de idealizar el nomadismo en un orden globalizado que permite la conectividad a través de la circulación, la kinética social de *Chombo* refleja una dialéctica de in/movilidades.

Escrito en clave interamericana, *Chombo* guía al lector a través de las circunstancias históricas que suscitaron la llegada de los afroantillanos a Panamá desde mediados del siglo diecinueve. La trama de la novela se despliega mediante referencias interamericanas que muestran la presencia de Estados Unidos en Panamá y las complejas dinámicas socioeconómicas que dicha presencia causó. Construye también un puente diaspórico entre el Caribe insular y el centroamericano, mientras que identifica los conflictos sociales trazados por las rutas/raíces caribeñas en Panamá como experiencias globales y compartidas con otras comunidades negras en las Américas. Cubena hace esto conectando la opresión y la lucha de los afrodescendientes de manera transnacional. Desde la segregación y los movimientos por los derechos civiles en los Estados Unidos hasta Maroon Town en Jamaica, refiriéndose también a Martín Fierro en Argentina y a la negación de la existencia de negros en México, estos ejemplos ayudan a expandir la temática de la novela. Esta se concentra en revelar la marginación, el silencio y la invisibilización de las contribuciones de los afrodescendientes a sus países. *Chombo* enfatiza así cómo las experiencias de las comunidades afrodescendientes no son exclusivas a las historias nacionales, sino más bien parte de una realidad supranacional, lo cual Paul Gilroy conceptualizó al inicio de los años noventa como el *Atlántico negro*.

La novela trata esencialmente sobre trabajadores voluntarios y asalariados que emigraron a Panamá para construir el Canal, con la esperanza de regresar a su país una vez que su trabajo les hubiera proporcionado bienestar económico y que sus contratos hubieran sido completados. Atrapados entre la tierra de acogida y la patria añorada, el retorno está siempre en la mira de los personajes caribeños de *Chombo*. El desplazamiento real, sin embargo, se ve constantemente obstaculizado a lo largo de la novela debido a la inmovilidad social de los personajes, creando nuevos lugares de residencia. La desventajada posición que experimentaron los afroantillanos al reasentarse en Panamá se enfatiza mediante varias narrativas singulares, las cuales se ven reforzadas asimismo con aquellas que cuentan sobre las dificultades que sufrieron las subsiguientes generaciones afropanameñas. La novela narrativiza fundamentalmente la presencia de una diáspora caribeña en el istmo centroamericano y su difícil integración al estado-nación democrático panameño a causa de consideraciones raciales de ciudadanía. El título "Chombo" destaca explícitamente esto, palabra definida en el glosario de la novela como término despectivo usado en Panamá para referirse a los afropanameños de origen caribeño.[8] El tema de la exclusión de los afroantillanos de la comunidad imaginada panameña se reitera a lo largo de la novela, y se enfatiza temáticamente como consecuencia del racismo:

> Me pongo furioso cuando recuerdo todo esto porque, hoy día, a los nietos de los que construyen el Canal, que tantos beneficios le da a este país, nos insultan gritándonos bembón, pelo cuzcú, ñato, meco, merolo, guari-guari, guacuco, yumeca, chombo; [...] (Cubena 1981, 18)

De esta manera, *Chombo* transforma en ficción el fallido proyecto de la democracia moderna en Panamá (Pulido Ritter 2013, 33).

La partida de las islas del Caribe, *el arribo* al Caribe centroamericano y *el desplazamiento* a través del istmo y entre el Caribe continental e insular desarrollan la historia junto con la creación de nuevos sitios de permanencia. Estos movimientos dialécticos son significativos y sirven para extraer la dinámica de poder presente en la trama de la novela, ya que el desplazamiento físico se alinea narrativamente con las historias de inmovilidad social. Mientras que *Chombo* habla de la partida, arribo y asentamiento de los afroantillanos en lo que llegó a ser la Zona del Canal de Panamá, estas historias de movilidad están sin embargo asociadas a la difícil integración de los afrocaribeños al Estado-nación panameño a causa del racismo y la segregación. Las siguientes páginas se enfocan en la representación literaria del tren y del mundo social que este recrea, abordando tres historias individuales cuyo desarrollo está marcado por el sistema ferroviario. De esta manera, se hará visible la dialéctica de in/movilidades que impregna la novela.

8 "CHOMBO. Nombre despectivo dado al afro-panameño de ascendencia antillana." (Cubena 1981, 102)

A Man, A Plan, A Canal

Chombo se desarrolla a través de una narración compleja determinada por el contenido histórico, sociológico y cultural que Cubena incorpora como trasfondo fáctico a las historias ficticias. Éstas están contextualizadas en el marco de las negociaciones Torrijos-Carter (1977) relativas a la soberanía del Canal de Panamá. De esta manera surge una narración transgeneracional que cuenta la construcción y posterior funcionamiento del Canal de Panamá bajo control norteamericano como *res gestarum*. Para conseguir esto, la trama de la novela no se mueve cronológicamente en el tiempo. Las historias de los personajes se desarrollan, en cambio, mediante saltos constantes entre el presente y el pasado cruzándose en momentos estratégicos. Múltiples narrativas de in/movilidad se entrelazan cuidadosamente a lo largo de tres generaciones para enmarcar y desplegar simultáneamente la historia dentro de un proceso sociohistórico más amplio. Una que cuenta de las diásporas afrocaribeñas anglófonas, francófonas y de islas hispanoparlantes y su sufrida integración a las comunidades imaginadas centroamericanas. Los relatos de los viajes en barco y tren actúan como nodos narrativos en este proceso narratológico. Los ferropaisajes se convierten así en elementos significativos, ya que aparecen en la novela como un doble del Canal al cortar la trama ficcional transversalmente.

En la representación de la doble diáspora caribeña en Panamá (cf. Cohen 1992), los barcos y el sistema ferroviario son de hecho los nodos narrativos que permiten la convergencia de las historias ficticias y las reales. Como consecuencia, se leen repetidamente relatos similares de partida y arribo, pero con diferencias históricamente contingentes que distinguen de manera significativa las historias de los personajes. Esto, a su vez, regula el desarrollo de la trama hacia delante, desplegando paralelos entre ellas. Como resultado, la novela transcurre dentro de lo que parece ser una representación cíclica del tiempo, dado que los argumentos se despliegan en diversas secuencias temporales, siendo a la vez estructuralmente similares. El número *cinco* es el número periódico que determina este palimpsesto narrativo de naturaleza cíclica, la cual se desarrolla durante la mayor parte del siglo veinte pero cuyas historias se remontan a la construcción del Ferrocarril de Panamá en el siglo diecinueve.

Aunque *Chombo* se remite sobre todo a la historia del Canal de Panamá y es considerada por lo mismo como una *novela canalera* (Pulido Ritter 2013), el sistema ferroviario está presente en la historia como un doble de la Zona del Canal. Conjuntamente, tanto el tren como el Canal actúan como símbolos de la movilidad diaspórica en el circum-Atlántico negro durante los siglos diecinueve y veinte.[9] En la novela, el sistema ferroviario moviliza a la gente de un lugar a otro, conectándolos de una vida a la siguiente. Está presente en el trasfondo narrativo como un sistema secundario de movilidad, atraversando múltiples tramas que van componiendo palimpsestos de in/movilidad. El complejo entrelazamiento de in/movilidad socioespacial en la Zona se complementa elocuentemente con diversos ferropaisajes en los que las historias individuales se movilizan y se detienen de manera recurrente. Al no ubicarse al frente de la historia misma y más bien permaneciendo detrás de la omnipotencia del Canal, los ferropaisajes de *Chombo* son más bien un espectro que se mueve como símbolo de una imaginación histórica. Evocan principalmente el hecho de que el Canal fue precedido por la construcción del Ferrocarril transístmico de Panamá (1850-1855) – cuando todavía formaba parte de Nueva Granada (hoy Colombia y Panamá) – y subrayan el entrelazamiento de las Américas a causa de economías móviles transnacionales.

En *The Path Between the Seas* (1977), David McCullough incorpora el sistema ferroviario panameño como el umbral histórico que precedió la construcción del Canal de Panamá ("Threshold", 19-44). La fiebre por el oro de California en 1849 había motivado a los empresarios norteamericanos a imaginar un camino veloz que conectara

9 Para incluir regiones que el "Black Atlantic" de Paul Gilroy no ha hecho visibles, opto por el término "circum-Atlántico negro" (cf. Roach 1996, 5) para incluir regiones como el Caribe centroamericano en la discusión. Ya que, tal y como señala Clifford, "Sudamérica negra y las culturas híbridas hispanas/negras del Caribe y América Latina no están [...] incluidas en la proyección de Gilroy. Escribe desde un lugar del Atlántico Norte/Europa" (1997, 267; cf. Ravasio 2020, 37).

el Pacífico con el Atlántico por medio de vías férreas para así reducir el tiempo y la distancia desde y hacia California. Un acaudalado comerciante de Nueva York llamado William Henry Aspinwall comenzó la construcción del ferrocarril en 1850 después de que la *Panama Railroad Company* se creara el 13 de abril de 1849 (McCullough 1977, 35). El primer ferrocarril transcontinental del mundo se completó apenas en cinco años y correspondía a un sistema ferroviario de vapor de una sola vía, concluido definitivamente en 1858 (Correa 2015; Maurer y Yu 2001; McCullough 1977). Desde la bahía caribeña de Limón hasta llegar a la bahía de Panamá en la costa del Pacífico, el ferrocarril transístmico cruzaba el territorio panameño "en algo más de tres horas" (McCullough 1977, 35).

Tanto la construcción del Canal de Panamá como la del Ferrocarril cuentan con similitudes estructurales respecto al desplazamiento de personas a causa de asuntos económicos transnacionales en las Américas. Algo que *Chombo* recrea consiente y literariamente con detalle verosímil. Al igual que con la excavación del Canal, las vías del caballo de hierro transístmico fueron colocadas por manos extranjeras, es decir, por mano de obra migrante. Representando un costo demasiado alto para la empresa, los trabajadores norteamericanos fueron rápidamente reemplazados por mano de obra contratada china, cuya vasta mayoría pereció (Maurer y Yu 2001, 43f.). Como resultado, una fuerza laboral caribeña constituida en su mayoría por jamaicanos, junto con irlandeses y neogranadinos, trazarían el camino al poner las vías. Dado que la construcción del ferrocarril resultó ser una tarea difícil debido a las dificultades ambientales y topográficas, la mayoría de estos trabajadores migrantes perecieron sin dejar rastro, salvo como cenizas esparcidas bajo las líneas de tren. En efecto, se creía que "había un hombre muerto por cada traviesa entre Colón y la Ciudad de Panamá" (McCullough 1977, 36).[10] Esta realidad no se pasa por alto en *Chombo,* donde el narrador destaca en diversos momentos cómo la construcción del ferrocarril y la posterior excavación

10 Con excepción de los empleados blancos, la Compañía de Ferrocarriles de Panamá no mantuvo registros sistemáticos sobre el número de personas que murieron, la mayoría afectadas por enfermedades tropicales como cólera, malaria, viruela o fiebre (McCullough 1977, 37).

del Big Ditch robaron el sudor y la sangre de los negros antillanos.[11] Sin conocer sus orígenes e identidades, los trabajadores contratados para construir el ferrocarril desaparecieron como daño colateral de la empresa ferroviaria. Debido a su anonimato, sus cuerpos se convirtieron además en "mercancía" para hospitales y escuelas médicas "de todo el mundo" (McCullough 1977, 37), convirtiendo el sistema ferroviario en un lugar de crucifixión y a sus víctimas en capital humano.

Contrario a esta realidad mortal, el Ferrocarril de Panamá representaba un sistema de movilidad cuya moderna rapidez y novedoso acortamiento de distancias significaba crecimiento de capital, desarrollando al mismo tiempo un vasto potencial para futuros proyectos interamericanos. El sistema ferroviario fue tan crucial para la construcción del Canal de Panamá que la Comisión del Canal Ístmico (*Isthmian Canal Comission*) invirtió en la reparación y mejora de las viejas vías, así como en la ampliación de nuevas líneas y en convertir aquellas originales en vías dobles (Maurer y Yu 2001, 74). En otras palabras, el Ferrocarril de Panamá ayudó a construir, sostener y extender el proyecto del Canal, deviniendo vital para su funcionamiento. Consecuentemente, los ferropaisajes que se encuentran en *Chombo* corresponden a elementos narrativos significativos porque implican una imaginación histórica relativa a la conformación de la Zona del Canal, así como respecto de las comunidades caribeñas que éste movilizó a través del tiempo. Tanto el Canal como la representación del tren invocan así el pasado como una sombra del presente.

Décadas después de la finalización del ferrocarril transístmico, el francés Ferdinand de Lesseps logró consolidar el contrato para la construcción de *La Grande Tranchée* en Panamá (1881), el cual inició un año más tarde con la recién fundada *Compagnie universelle du canal interocéanique de Panamá* (Pérez Brignoli 2018, 303). Al igual que con la construcción del ferrocarril transístmico, se contrató una vez más mano de obra caribeña para trabajar en la costa atlántica

---

11 Como por ejemplo al inicio de la novela, cuando el narrador afirma que "llegué a comprender lo del robo del sudor y la sangre de los negros antillanos durante la construcción del ferrocarril transístimico y la vía interoceánica." (Cubena 1981, 18)

de Panamá, en su mayoría jamaicana. Algo que ya se había puesto en marcha casi una década antes (1872) con la construcción del ferrocarril al Atlántico en Costa Rica (Olien 1977, 139; Chomsky 1996, 24). Nuevamente, diversos obstáculos como por ejemplo condiciones climáticas hostiles, una topografía variada y la malaria, hicieron de la construcción de La Grande Trachée una empresa complicada. A diferencia de su éxito en la construcción del Canal de Suez en Egipto (1869), el proyecto de Lessep en Panamá es conocido por su infame bancarrota y el escándalo del Canal de Panamá de 1889, también conocido como el caso Lesseps (Correa 2015, 7). Al igual que en el proyecto ferroviario, entre las desastrosas consecuencias de la Grande Tranchée se encuentran una vez más las altas tasas de mortalidad entre los trabajadores caribeños y europeos (Pérez Brignoli 2018, 303). Es por esto que muchos de los personajes de *Chombo* parten a Panamá en busca de familiares desaparecidos, como el tío abuelo de Afua Cooper "que fue a ayudar a construir el Canal de Panamá y nunca regresó" ("My Father's Mother"; Cooper 1992, 18).

A pesar del proyecto fallido de los franceses, los intentos de construir un Canal de Panamá – una idea ya reflexionada por Alexander von Humboldt en 1811 (Maurer y Yu 2001, 30f.) y supuestamente por Abraham Lincoln en los años anteriores a su muerte (Magness y Page 2011, 109-113; Magness 2008) – no fueron abandonados. Después de la ayuda militar extendida por el presidente Roosevelt en 1903, Panamá se independizó de Nueva Granada. Un movimiento estratégico en asuntos geopolíticos, esto le permitió finalmente a los Estados Unidos de América firmar un tratado para construir el Canal de Panamá, cuyas operaciones iniciaron en 1904 (Pérez Brignoli 2018, 304). Al igual que en el caso de Lesseps y la construcción del ferrocarril, la Comisión del Canal Ístmico recurrió a mano de obra extranjera y barata para el proyecto, atrayendo una vez más a cientos de hombres, mujeres y niños de diversas islas del Caribe a Centroamérica. El proyecto se completó en 1914 y se convirtió en un símbolo de gran progreso tecnológico y económico en las Américas. Construida y militarizada por los Estados Unidos bajo el control y la supervisión del presidente Roosevelt y el Departamento de Estado, la

Zona del Canal de Panamá se convirtió en un "verdadero enclave colonial" (Pérez Brignoli 2018, 307f.).

Esta nueva forma de colonialismo en las Américas se describe en *Chombo* como nada menos que el desplazamiento de capital humano y material a partir de geometrías desiguales de poder. Los particulares ferropaisajes son bastante reveladores de dichas dinámicas interamericanas, pues despliegan una dialéctica de in/movilidad entorno a la Zona del Canal. Dicha Zona se exhibe como un sitio emblemático caracterizado por el constante movimiento de personas y cosas sobre las vías del ferrocarril por un lado, y por el estancamiento social de las personas que ayudaron a construir la Zona por el otro. La difícil integración de los afroantillanos a la sociedad panameña es el tema central de la novela, la cual se constituye a través de la interrelación de temas raciales y de clase junto con la noción de pertenencia y nacionalidad. De ahí el título de la novela y las recurrentes referencias al racismo contra los panameños de origen caribeño, como por ejemplo "todo negro chombo con diploma o sin diploma vale la misma vaina" (Cubena 1981, 77). Los datos factuales que dan contenido a las historias ficticias de *Chombo* tienen además una importancia particular. Principalmente porque la narración visibiliza la presencia de los negros en Panamá y destaca su importancia en la modernización del país debido a la construcción del Canal. En el núcleo de las diversas tramas que se entrelazan entre sí y con el entorno sociohistórico más amplio, una compleja historia de in/movilidades da vida a un mundo social determinado por el exilio, la deportación y el no-arribo en las Américas.

Afro-exilio

Desplazarse espacialmente en la Zona del Canal en búsqueda de trabajo significa, paradójicamente, la imposibilidad que estas personas móviles sufren para ascender en la escala social. La historia del barbadense James Dunglin es un ejemplo emblemático de ello, cuya narrativa se distingue por una serie de apodos que definen sus constantes experiencias de movilidad e inmovilidad en territorio panameño. Su motivo al partir fue la desaparición de su padre, el cual había dejado Barbados en el barco Waterloo para participar en la construcción de La Grande Tranchée de Lessep. Una vez en Panamá, James comenzó a buscarlo trabajando en diversas operaciones del Big Ditch. Se movilizó según los trabajos, lugares y la posibilidad de encontrar a su padre allí, además del mayor o menor grado de mortalidad que tales oportunidades significaban para el trabajador migrante. Todas estas variables se interconectan a través de las vías del ferrocarril y del tren, acercando y alejando simultáneamente a James de su regreso a casa.

Después de viajar en el barco Telémaco desde el Caribe insular hasta la costa atlántica centroamericana, James toma el tren hasta Gután y luego otro hasta Bas Obispo con la esperanza de encontrar a su padre entre los barbadenses asentados allí. A continuación se representa literariamente un accidente que realmente tuvo lugar allí en diciembre de 1908. Una terrible explosión prematura de veintiuna toneladas de dinamita enterró a cientos de trabajadores bajo una gigantesca masa de roca que se apiló sobre sus cuerpos a una altura de seis a nueve metros (Isthmian Canal Commission 1909, 125). El incidente fue definido en *Los Angeles Herald* (1908) como "el accidente más grave en relación con la construcción del Canal de Panamá desde que los Estados Unidos se hizo cargo" (S.A. 1908, 2). En la historia de James, el accidente de Bas Obispo es el evento catalizador que le traza nuevas rutas. Esta vez hacia Culebra, un lugar tan famoso por los deslizamientos de tierra como lo fue Bas Obispo por las mortalidades a causa de la dinamita. Su historia de movilidad se ve no obstante obstaculizada debido a problemas de salud. Teniendo que permanecer en el hospital de Ancón dado que había contraído malaria en

Culebra, James se convirtió en el paciente de la cama número cinco que se negó a morir en aquel hospital de donde los negros nunca salían vivos (Cubena 1981, 37). El relato de movilidad de James se detiene aquí por un momento, ya que la enfermedad le ha pasado factura en su viaje, obstruyéndole su camino y obligándolo a residir en horizontalidad. Este nuevo sitio de permanencia le otorga un apodo que revela su propia dialéctica personal de in/movilidad, '*Cama Cinco*'. La referencia literal a su lugar de residencia insinúa la permanencia horizontal que obstaculiza su movilidad social o desplazamiento físico. Pues su nuevo apodo implica el hecho de que la inmovilidad física complica inevitablemente su situación socioeconómica debido a la imposibilidad de trabajar. Se entrelazan así la inmovilización corporal con la dificultad financiera, ya que un trabajador inmigrante de bajo salario depende existencialmente de su esfuerzo corporal para sobrevivir en una economía de enclave.

No pasa desapercibido que la inmovilidad de James se complementa con la incorporación de un ferropaisaje literario que representa el tren de las cinco:

> Como la mayor parte de los recursos del hospital se reservaba para los pacientes europeos, por desatención muchos de los enfermos negros que entraban por la mañana, salían cadáveres por la tarde en rústicos ataúdes que eran transportados en el tren de las cinco de la tarde rumbo a las fosas comunes. (Cubena 1981, 37)

Este particular *fps* ilustra un macabro sistema de movilidad constituido por cuerpos inertes y economías de explotación que entrelazan la in/movilidad social y espacial en forma de muertes laborales. Numerosos trabajadores, cuyas vidas habían llegado a un fin prematuro en la Zona del Canal a causa de accidentes de tren, explosiones de dinamita y enfermedades terminales, son representados aquí viajando a un cementerio sin nombre. El tren de pasajeros cadavéricos transporta los cuerpos de negros abandonados puntualmente a la hora y desde el hospital hacia las fosas comunes. Este cuadro narrativo evoca a su vez una imaginación histórica que escenifica los cuerpos anónimos que desaparecieron durante el trazado de las vías transístmicas, más tarde durante las primeras operaciones de La Grande

Tranchée, ocurriendo ahora en la realidad del Big Ditch. Mientras que la historia de in/movilidad de James se ve interrumpida por el sistema ferroviario que lo transporta a su enfermedad, el tren incorpora el desplazamiento hacia la inmovilidad absoluta (i.e. la muerte) como escenario de fondo a su propia historia. En ambos casos, el ferropaisaje representa un mundo social caracterizado por la reiteración de realidades desfavorables para la diáspora proletaria negra. Sin embargo, reticente a permanecer inmóvil en la cama o a quedarse quieto en una fosa común, James vuelve a movilizarse y se convierte en un exitoso pintor de brocha gorda de importantes edificios y otros espacios urbanizados de la Zona del Canal. Es solo cuestión de tiempo antes de que su historia condense, no obstante, nuevas in/movilidades.

El regreso previsto a casa siempre estuvo en el horizonte de la historia móvil de James. Como barbadense cuyo motivo principal de viaje fue la desaparición de su padre, su deseo de volver a casa refuerza siempre su identidad diaspórica. Este determina asimismo su constante desplazamiento por el territorio panameño, hasta que su regreso a casa es truncado definitivamente por terceros que tienen potestad sobre su repatriación. Las geometrías de poder que impiden el regreso de James a su lugar de origen determinarán su inmovilidad social, convirtiendo su historia móvil en una narrativa de retorno frustrado. Es decir, en una narrativa de *exilio*.

Resulta de sumo interés que los afrodescendientes de las Américas sean mencionados constantemente en la novela con el epíteto de "afro-exiliados". La palabra es por sí misma decididamente representativa de las jerarquías kinéticas que la novela tematiza. Por un lado, el exilio no es más que la consecuencia de un desplazamiento forzado impuesto por terceros que ejercen poder sobre un grupo social al cual se le dificulta retornar a su lugar de origen. Aunque la palabra se utiliza en contextos de conflicto político como dictaduras o guerras civiles y mundiales, el término 'exilio' abarca también, en un sentido amplio, la "diáspora de víctimas africanas" (cf. Cohen 2008).[12] Es

12 Para Cohen, la compulsión y el trauma definen una "diáspora de víctimas", la cual la define como la dispersión de un grupo social a dos o más destinos en el extranjero debido a un evento traumático en el país de origen (2008, 2). El autor enfatiza la particularidad de la diáspora de víctimas

decir, el transporte de esclavos africanos a las Américas. El comercio de esclavos constituye, en efecto, el fundamento colonial de la modernidad, establecido a partir de partidas forzadas y retornos obstruidos. Constituido a partir de una colonialidad de poder (Quijano 2007) que se estructuró en base al "catastrófico pensamiento del poder racial" (Gilroy 2004, xix), el comercio de esclavos significó para los africanos aprisionados y sus hijos nacidos en las Américas la imposibilidad de regresar a su lugar de origen luego de haber sido forzosamente movilizados de su hogar. Viviendo en una tierra cuyo mundo social se estructuraba en binarios jerárquicos de tipo metafísico ("superior/inferior", "civilizado/bárbaro"), la movilización masiva de esclavos africanos significó su posterior aprisionamiento en las plantaciones, donde fueron violentamente subyugados y simultáneamente obstaculizados de regresar a casa. El epíteto *afro-exiliados* se refiere a este trasfondo histórico de manera explícita.[13]

Chombo es una novela que asume el propósito de dar forma literaria a la memoria colectiva de los afropanameños en tanto enclave de la imaginación histórica más amplia de los afrodescendientes. Cubena retrata la colonialidad de poder en su novela utilizando la historia de la diáspora afroantillana en Panamá para tematizar cómo la ideología racial continúa legitimando las relaciones capitalistas y la opresión de los antiguos colonizados en la actualidad (Quijano 2007). Al acoplar "exiliados" con "afro" para referirse a los afroantillanos

---

africanas al destacar la "prolongada escala temporal del comercio de esclavos de África" (42).

13 Si bien África ha sido idealizada a través del tiempo y del globo como una comunidad imaginada por los descendientes de la travesía del Atlántico (Hall 1990, 232), esta dialéctica de in/movilidades determinó ineludiblemente la supresión gradual de una memoria colectiva africana previa al comercio de esclavos (Glissant 1999, 224). De modo que el epíteto "afroexilio" implica también una in/movilidad metafórica que comprende el desconocimiento de las prácticas culturales y de la memoria histórica de los pueblos africanos anterior a la travesía del Atlántico. Evoca, por lo tanto, una compleja dialéctica de in/movilidades que incluye la imposibilidad de retorno tanto física como memorialmente. Con la esperanza de curar este traumático desarraigo forzoso, el gobierno de Ghana anunció el año 2019 como el Año del Retorno (visite https://repatriatetoghana.com).

cuya migración a Centroamérica los convirtió en los sujetos marginados de la economía de enclave neocolonial en Panamá, Cubena traza un vínculo explícito entre las desigualdades sociales que experimentan los negros en Panamá, y la movilidad esclavizada como origen histórico de su inmovilidad social. El eufemismo revela que el "escritor ve la situación de los antillanos en Panamá como un caso de esclavitud del siglo veinte" (Carter 1985, 23), y la Zona del Canal como una versión de las economías de plantación propia al siglo veinte (Smart 1984, 81). La negativa a la repatriación de James evoca esto.

Tanto en el proyecto de Lessep como en la construcción del Canal por parte de las autoridades estadounidenses (cf. Maurer y Yu 2011, 78-93), la repatriación estaba estipulada en los contratos de trabajo que atrajeron la mano de obra caribeña a Panamá. A pesar de que los Estados Unidos intentó primero reclutar una fuerza laboral jamaiquina para las operaciones del Canal, esta idea fue abandonada cuando el gobierno jamaicano, recordando cómo la colonia tuvo que pagar por la repatriación de sus subalternos una vez que el proyecto francés fracasó en 1889, exigió a los Estados Unidos que garantizara la repatriación de sus trabajadores después de que el proyecto finalizara (Maurer y Yu 2011, 79). Como consecuencia, las autoridades estadounidenses se dirigieron a los barbadenses. Pese a su desnutrición, la cual al inicio desmotivó la contratación de su mano de obra, su "capacidad de trabajo mejoró rápidamente con el acceso a una dieta completa y a suficientes calorías" proporcionada por las autoridades del Canal (80). Casi 20 000 barbadenses fueron reclutados por la Comisión del Canal bajo contratos de trabajo que ofrecían "un viaje gratis de vuelta a Barbados" una vez que su contrato expirase (91). El propio James tenía un contrato de quinientos días al partir de Barbados, cuya cuota no obstante fue sobrepasada.[14] Aunque James había trabajado más del tiempo estipulado en el contrato original, su regreso a casa fue imposibilitado definitivamente cuando el racismo de un

---

14 "El había bajado cinco veces la cuota de los quinientos días de labores para tener derecho a repatriación como acordado en el contrato de trabajadores antillanos." (Cubena 1981, 46)

antiguo empleador norteamericano se apoderó de tales sueños (Cubena 1981, 46f.).

En una zona descrita como el "corazón de la discriminación" (35) y un sitio de segregación normalizada, el norteamericano a quien los personajes y el narrador se refieren paródicamente como "Huncle Zam" le había dado un "puntapié [...] a un antillano por haber pintando primero el excusado Silver Roll, o sea, el de los negros, y no el del Gold Roll como era de costumbre" (46). Esta división del Silver y el Gold Roll correspondía a una réplica del sistema de segregación racial existente en los Estados Unidos, conocido como el sistema Jim Crow. Tal como en el Norte, también en la zona del Canal se dividían y se diferenciaban el mundo social y laboral de los trabajadores norteamericanos y caribeños a partir de su color de piel. No sólo con respecto a su presencia en lugares públicos, la organización laboral y las viviendas acordadas para los trabajadores, sino también con respecto a los salarios (O'Reggio 2006, 50). Los empleados negros, catalogados como los "silver employees", eran pagados en monedas de plata, mientras que los "gold employees", es decir los norteamericanos (en su mayoría provenientes del sur) recibían monedas de oro (Guerrón Montero 2014, 29). Si bien se alegara que dicha estratificación laboral fuera hecha con base en las capacidades y destrezas profesionales de los trabajadores, esta se trataba en realidad de una segregación racial cuyo propósito era "reenforzar el concepto de inferioridad del Negro" (O'Reggio 2006, 50).

De ahí que, como consecuencia de vivir embebidos en tal mundo social y como represalia necesaria a la violencia de Huncle Zam, un compañero negro encontrara un mal necesario machetearle ambas piernas al norteamericano como acto de reparación. Como resultado, el norteamericano quemó todos los documentos con los nombres de los trabajadores negros del Canal, entre ellos el de James Dunglin. La desaparición forzada de sus registros de trabajo obstaculizó así su derecho a la repatriación, obligándolo a permanecer en Panamá en calidad de afro-exiliado moderno.

Relatos de viajes inconclusos

La historia in/móvil de James refleja por una parte movilidad transareal a causa de empresas capitalistas, mientras que por otra parte su relato se constituye una y otra vez como una historia de arribo imposibilitado. Su propio relato va acompañado de otras historias de in/movilidad en las que la aspiración de retorno al lugar de origen es fundamental, tal como la historia de "una estereotípica abuela" llamada Nenén (Carter 1985, 22).

La historia de arribo de Nenén a Panamá comienza con la partida de Cuffee, su padre, de Jamaica. Cuffee, alias *Kingstonboy,* viajó a Panamá a bordo del mismo barco en el que James estaba y, tal como James, viajaba con la misma intención de encontrar a sus familiares desaparecidos en Panamá. El abuelo de Cuffee había partido tiempo atrás para construir el ferrocarril transístmico de Panamá, mientras que su padre y su tío habían trazado la misma ruta tiempo después para construir La Grande Tranchée. Su esposa decidió partir con el propósito de encontrar al ahora desaparecido Cuffee, llevándose con ella a su única hija Nenén. Poco antes de abordar el barco Telémaco en el muelle de Kingston, Nenén encuentra por casualidad a la moribunda Francis Wilson, quien había regresado de Panamá a bordo del Telémaco con su hija recién nacida. Después de una búsqueda intensiva de cinco meses, Francis tampoco había encontrado a su marido George Wilson. Nenén salvó a la niña de los brazos de su madre muerta y las tres buscaron juntas a Cuffee al desembarcar en Panamá (Cubena 1981, 40-42).

Al igual que la historia in/móvil de James, los relatos de in/movilidad de Nenén también son transversales al ferrocarril. Una vez en Colón, las tres mujeres jamaicanas no tenían dinero para pagar un viaje a Ancón, donde James y Cuffee se habían encontrado en el hospital cuando estaban enfermos. La interrupción de su viaje las llevó a trabajar como aseadoras en un prostíbulo de Colón, hasta que, a los tres meses de haber comenzado el trabajo, fueron despedidas por rehusarse a trabajar como prostitutas. Incapaces de proveer económicamente para desplazarse abordo del medio de transporte mecanizado, la kinética social de la madre, la hija y la bebé huérfana entrelaza la movilidad espacial con la inmovilidad social. Pues deciden emprender el viaje de nuevo, esta vez caminando sobre las vías del tren de forma clandestina. Si bien la narración de partida de Nenén es puesta en movimiento con el barco, ésta se complementa a continuación con el sistema ferroviario, el cual representan el lugar emblemático de in/movilidad. Proporciona en un primer momento la ruta hacia Cuffee, determinando luego el punto final de su madre quien es atropellada por la locomotora debido a la extrema fatiga a causa del viaje a pie (43f.). Las líneas férreas se convierten así una vez más en un sitio de muerte. Nenén y la bebé llegan finalmente a la estación de tren donde su desplazamiento a pie por las vías del tren se detiene. Con el tiempo, Nenén y Amena encuentran un hogar y una familia cerca de la estación ferroviaria junto a la haitiana Tidam Frenchí y su hija Luisa (44-46). Aquí comparten su sufrida existencia apoyándose mutuamente.

Ubicada en un cruce concurrido, la estación de tren establece las coordenadas espaciales de su historia compartida, la cual se desarrolla a partir del bienestar y la discordia. La movilidad causada por el tren es un sutil hilo narrativo que une a compradores y vendedores, ya que a la vuelta de la esquina personas de diferentes lugares, idiomas, nacionalidades y etnias interactúan en los puestos de comida. La estación de tren promueve una relación dinámica entre inmigrantes de todo tipo, cuya interacción se canaliza a través de relaciones económicas basadas en el intercambio de alimentos por dinero. En efecto, la historia del éxito económico de las mujeres y su posterior fracaso (52-55) se traza por el movimiento que la concurrida calle presenció debido a los trenes que constantemente llegaban y salían, enviando a la gente a buscar algo para comer antes, entre y después de estos momentos. Mientras Frenchí trabajaba en la lavandería, Nenén tenía un exitoso negocio de comida cerca de la estación de tren. Desde *patacones* hasta *yuca frita, arroz con coco*, *cerveza de jengibre* y *guineo*, Nenén vendía comida casera a transeúntes y trabajadores por igual, un negocio que administraba junto con Frenchí. Por la noche, cuando descansaban después de largas horas de duro trabajo, sus sueños de ascenso social y de regreso a casa crecían a medida que el tarro de dinero se llenaba cada vez más con el dinero ganado gracias al esfuerzo de ambas.

Estas movilidades en potencia se ven sin embargo obstaculizadas cuando una disputa infantil entre sus hijas llevó a las mujeres a una sincera animosidad, la cual no disminuiría ni siquiera después de que las niñas hicieran las paces. A partir de ese día, su compañerismo se separó drásticamente y el frasco de los sueños se fue vaciando poco a poco a medida que sus antiguos clientes elegían los restaurantes italianos y chinos de enfrente. Este particular ferropaisaje reúne una constelación de inmigrantes, ya que el carpintero griego y el ebanista indostaní, junto con el pintor francés y el conserje gallego ayudaron a la italiana y al chino a consolidar sus restaurantes gracias a la separación de Nenén y Frenchí. En esa concurrida intersección cerca de la estación de tren, *Casa Nerón* y *Casa Wong* crecieron exitosamente con la nueva clientela cuyo corazón se había llenado anteriormente con cálidos recuerdos de la tierra natal gracias a la cocina de Nenén. Dichos comensales ayudaron así a la mujer italiana y al hombre chino a expandir su negocio a Bella Vista, un barrio de clase alta donde abrieron nuevas sucursales. Irónicamente, la clientela que en un principio les ayudó a expandir sus negocios fue posteriormente segregada y discriminada en estos nuevos restaurantes.[15]

Inversamente, el negocio de las mujeres caribeñas se debilitó hasta el punto de no poder sostener más sus sueños y esperanzas. Los movimientos de retorno se vieron interrumpidos, la educación de sus hijos y su progreso socioeconómico obstruidos. Dado que Nenén y Frenchí no tenían más capital para ascender o partir, sus sueños de movilidad socio-espacial se detuvieron por completo. Incapaces de escalar la pirámide socioeconómica, se les hace imposible volver a casa. Como en la historia in/móvil de James, la representación de la estación de tren aparece en el trasfondo narrativo como un fantasma, silencioso pero presente. Este ferropaisaje evoca desplazamiento hu-

15 "En los nuevos restaurantes de prestigio, para desanimar el patrocinio de negros se les servía pizza fría y sopa wantón tibia. Además, el menú reservado especialmente para negros tenía menos variedad y los precios eran ridículamente elevados." (Cubena 1981, 55)

mano al reunir y dispersar a la gente alrededor del restaurante de Nenén, y retrata simultáneamente la inmovilidad social y los sueños frustrados de las mujeres caribeñas como resultado de contiendas personales y competencias profesionales. Es en este lugar y bajo estas circunstancias que la historia de in/movilidad de James se entrelaza con la de Nenén.

Si bien las historias individuales de los personajes están fuertemente determinadas por condiciones socioeconómicas desfavorables, éstas también están orquestadas por movilizaciones de tipo ideológico que contrarrestan dichas condiciones. Un ejemplo de esto es la deportación de James Dunglin, la cual ocurre luego de que su repatriación fuera negada. Obligado a permanecer en Panamá después de que sus registros fueron quemados, James fue más tarde desterrado de la Zona del Canal debido a su relación con círculos de la izquierda, quienes organizaron diversas huelgas laborales y por las cuales James fue deportado a perpetuidad de la Zona del Canal (55). Las huelgas que tuvieron lugar realmente en la Zona del Canal de Panamá (1919 y 1920) condujeron de hecho a la deportación de trabajadores afrocaribeños de la Zona, "sus posesiones desalojadas y apiladas en las calles" (Maurer y Yu 2011, 81). La novela amplía así la naturaleza de las jerarquías kinéticas del Canal, pues correlaciona el control de la movilidad espacial por parte de los más poderosos con la imposibilidad de ascenso social para aquellos oprimidos por los primeros, reflejando el mundo real. Tanto la metáfora móvil del *exilio* como la de la *deportación* lo ejemplifican, destacando las geometrías de poder intrínsecas a la zona de enclave, tanto ficticias como factuales.

Después de su movilización forzada, James encuentra a Nenén y Tidam Frenchí y se entrelazan sus historias, produciendo un relato más amplio de in/movilidad colectiva. Aquí, el que una vez fue afectado por la malaria y por lo cual obtuvo el apodo de Cama Cinco desarrollaría con el tiempo nuevas raíces como '*Papa James*'. Este nuevo apodo describe apropiadamente el rol que Dunglin adquirió después de que la enfermedad, el exilio y la deportación determinaran su historia de in/movilidad en Panamá. Junto a Nenén, James se convertiría en una figura paternal para docenas de huérfanos y desconsolados antillanos, a quienes cuidaron emocional y económicamente durante sus últimos años juntos.[16] 'Papa James' representa así otro lugar de permanencia dentro del relato in/móvil de James, esta vez en forma de raíces y extensiones familiares. James Duglin, alias Cama Cinco, fue finalmente enterrado como Papa James una vez que sus sueños de retorno a casa fueron aniquilados con un ataque al corazón. De manera similar, la historia in/móvil de Nenén llega a su final con una cirugía ocular que salió mal unos días antes de abordar el barco que la hubiera llevado de regreso a casa (Cubena 1981, 81-84).

La fricción de James y Nenén – es decir, su gradual ralentización hasta llegar a un completo parón – estuvo determinada por movimientos dinámicos y sin embargo contradictorios. In/móvilmente atrapado entre la no-repatriación y la deportación interna de la zona de enclave, la tierra de acogida se impuso sobre James Dunglin como una nueva patria. Mientras que el fallido proyecto de ascenso social de Nenén y su imposible viaje a casa definen su historia in/móvil en Panamá como una historia de *no-arribo*. Atrapada ella también entre sus propias dificultades en la tierra de acogida y el fallido regreso a la tierra natal, su relato in/móvil se convierte en una historia de viajes inconclusos. Estos relatos revelan primordialmente las complejas rutas y raíces que se extienden entre el Caribe insular y continental, revelando las capas históricas que se superponen las unas a las otras a causa de iniciativas capitalistas transnacionales en las Américas (i.e. el ferrocarril transístmico, la Grande Tranchée y el Big Ditch). Dichas rutas y raíces se complementan además con los relatos de sus hijos afropanameños.

16 "Para economizar en el pan de cada día, el pintor de Barbados se trasladó al cuarto de Nenén y Abena Mansa Adesimbo. Pero allí los gastos aumentaron cuando fueron a vivir con ellos una docena de huérfanos." (Cubena 1981, 57)

Black Panama

En su Prefacio a *Black Labor in a White Canal* (1985), Michael L. Conniff señala positivamente que "el gobierno estadounidense ha reducido gradualmente el racismo y la explotación" y que "los descendientes de inmigrantes antillanos [eran] tratados justamente [...] ni como minoría en desventaja ni como grupo protegido" (1985, xiii). Publicada sólo cuatro años antes del libro de Conniff, la novela de Cubena recrea de manera contraria las desventajas, la exclusión y la marginación que experimentaron los inmigrantes afrocaribeños en la Zona del Canal debido al racismo tanto norteamericano como panameño durante la mayor parte del siglo veinte. Si para Conniff el rechazo y la discriminación de los inmigrantes negros en Panamá estaban "moviéndose en direcciones complementarias y humanas" (1985, xiii), Cubena se esmera en asegurarse de que el lector reciba una compleja historia de sujetos caribeños móviles e inmóviles cuyas vidas entrelazadas están determinadas narratológicamente por un "sistema laboral tercermundista" y racista (Conniff 1985, xiii). Si bien Conniff pudo haber tenido razón en su momento respecto a cómo los problemas del pasado se encaminaban hacia una nueva dirección para concretizar un futuro más positivo, las experiencias de racismo, discriminación e injusticia debido a consideraciones étnicas de pertenencia nacional, es decir, de ciudadanía, son el fundamento de la novela de Cubena.

Situada en un marco temporal que se extiende durante la mayor parte del siglo veinte, la novela hace explícitamente visible los efectos duraderos de la marginación y la exclusión de los negros en la Zona del Canal como consecuencia de la presencia estadounidense. Al igual que con las historias de James y Nenén, diversos relatos de hombres, mujeres y niños caribeños se representan en *Chombo* en su incapacidad de agenciar ascenso social a pesar de su desplazamiento como trabajadores asalariados transnacionales, ofreciendo la fuerza de sus cuerpos a cambio de dinero. La interacción dialéctica entre el desplazamiento físico y el estancamiento socioeconómico es retratada a lo largo de la novela destacando las condiciones detrimentales a las cuales los inmigrantes caribeños y su descendencia en Panamá se enfrentan. Los mendigos y pordioseros antillanos que deambulan por la estación de tren reconstruyen esta desfavorable realidad.[17] Son descritos como el proletariado abandonado descaradamente por la empresa de La Grande Tranchée de Lessep tras su fracaso hacia finales del siglo diecinueve.[18] Una situación que se repite más tarde con la micro sociedad que surgió en torno a la Zona del Canal durante la primera mitad del siglo veinte. Una vez que el Canal se terminó y comenzó a funcionar, los antiguos trabajadores inmigrantes que ayudaron a construirlo se encontraron en los estratos más bajos de la jerarquía socioeconómica a causa de la segregación y el racismo, mientras que el Canal proporcionó beneficios a la economía norteamericana y a sus ciudadanos reubicados en Panamá. De tal manera, Chombo contrapone la situación de los "desgastados y pobres ancianos" antillanos[19] a la posición de privilegio de quienes habitaban en la zona *blanca* del Canal.

Los afroantillanos en Panamá son plasmados por lo tanto como un grupo social primordialmente desfavorecido en la Zona del Canal. Contrario a la afirmación de Conniff, *Chombo* señala que tales realidades son muy difíciles de 'curar' debido a su extensión en el tiempo. Si la afirmación de Conniff es abordada tomando en cuenta los personajes de *Chombo* y la verosimilitud sociohistórica que despliegan sus historias de in/movilidad, se vislumbra cómo la perspectiva del autor es más bien ilusoria. Pues probablemente se necesiten más de

---

17 "Cerca de la estación ferroviaria, Lito observó con dolor en el alma a los numerosos mendigos negros que pululaban las sucias calles de Colón. Estos pordioseros, todos afro-exiliados, eran como él descendientes de los antillanos que dieron sudor y sangre para construir la lucrativa vía interoceánica." (Cubena 1981, 92)

18 "El joven Duglin buscó por horas, sin éxito, al padre entre la muchedumbre de antillanos que vivían en la más extrema miseria en Colón. En esa época la ciudad atlántica estaba poblada de negros que fueron abandonados allí por la fracasada empresa francesa." (Cubena 1981, 33)

19 "Además, Nenén a diario, especialmente los domingos, cocinaba como para un ejército e invitaba a comer gratuitamente a muchos desgastados y pobres ancianos que habían trabajado en la construcción del Big Ditch." (Cubena 1981, 57)

cuatro cortos años para revertir la estructura racista tan profundamente arraigada en la Zona del Canal. No obstante, vale la pena rescatar que Cubena no retrata solamente la historia de exclusión y marginación de los negros en Panamá, sino que lo hace en equilibrio con los movimientos sociales que resisten y contrarrestan tales dinámicas de inmovilidad social. La deportación de James a causa de los disturbios laborales, el exitoso negocio de cocina de Nenén, o la historia de Luisa, la hija de Tidam Frenchí, lo ejemplifican. La historia de Luisa es, efectivamente, una de movilidad social cuyo relato se completa en el penúltimo capítulo titulado "Kwasiada" (Cubena 1981, 85-96). Este ferropaisaje literario evoca por su parte el efecto democratizador y nivelador que el sistema ferroviario tuvo para las sociedades en movimiento. Personas de diferentes orígenes y nacionalidades (franceses, norteamericanos, afrocaribeños, panameños), así como también de diversas etnias (negros, blancos, mestizos, indígenas, nativos americanos, chicanos) transitan conjuntamente en el tren. Están viajando de Río Bajo a Colón por diversas razones: como turistas, ex-misioneros, profesores, estudiantes, investigadores y como cocineros o soldados americanos de camino hacia o desde las bases militares. Luisa es una de estas pasajeras.

Afropanameña de primera generación, la hija de Tidam Frenchí trabajó duro para estudiar y convertirse en maestra. Cuando era niña, su derecho a la educación fue constantemente obstaculizado "ya que a las niñas negras no se les permitía asistir a las escuelas públicas" (Carter 1985, 24). Aún así, Luisa se las arreglaba para seguir estudiando. Tomaba libros prestados y los leía a la luz de las velas o escuchaba a escondidas desde afuera de las ventanas del aula las lecciones escolares a las que no podía asistir. Más tarde, reunía a los niños negros de su barrio para enseñarles la lengua en que eran impartidas dichas clases (Cubena 1981, 52). Aunque la vecina Fulabuta se burlase de su sueño, riéndose extravagantemente "a mandíbula batiente" (ibíd.), Luisa se convirtió en la maestra que ahora viaja en tren en una excursión escolar para contarle a sus estudiantes sobre la historia de *Black Panama*, es decir, de la Panamá negra. La memoria histórica que Luisa da a conocer mientras habla con sus alumnos es elaborada mientras se recapitulan las historias individuales y colectivas que componen *Chombo*, ya que muchos de los personajes que surgieron en la novela reaparecen aquí como pasajeros, conectando historias pasadas y creando otras nuevas. Este particular ferropaisaje representa así un enclave individual de la trama general de *Chombo*, donde la maestra Luisa se refiere explícitamente a la dialéctica entre raza y nación en Panamá.

> ¿Por qué será que en los libros de historia dan tan escasos detalles sobre la gente de ascendencia africana que participó en la fundación de Panamá, la construcción del Ferrocarril, y la excavación del Canal? (Cubena 1981, 16)

Mientras que en las primeras páginas de *Chombo* se plantea la pregunta de por qué los libros de historia no contienen casi ningún detalle sobre los afrodescendientes que participaron en la modernización de Panamá, la interacción de Luisa con sus estudiantes corrige este silencio. Pues les enseña una historia que, en palabras del narrador, está ausente en los libros de historia nacional (88-91). Al hacerlo, se tematiza cómo los afropanameños estuvieron simultáneamente dentro y al margen del proceso sociohistórico que condujo a la modernización e industrialización de Panamá (cf. Gilroy 2002, 29). Hecho que llevó a que los panameños de origen caribeño ocuparan una posición ambigua en Panamá dado su sufrida integración al Estado-nación a pesar de haber propulsado la modernización del país al emigrar allí con la esperanza de cumplir sus propios sueños de movilidad social. El ferropaisaje condensa así el argumento más amplio de *Chombo*, mientras que Luisa encarna el propósito literario-político del escritor. A saber, revelar la historia in/móvil de los afrocaribeños en la Zona del Canal con la intención de revertir su invisibilidad en la historia nacional panameña.

Si bien dichas historias de in/movilidades antillanas han sido exiliadas al silencio, éstas son invertidas explícitamente con dicho episodio narrativo, el cual retrata también dinámicas de fronteras lingüísticas. El *fps* resalta la presencia de diferentes idiomas dentro de un mismo vagón, de modo que el español, el inglés, la alternancia entre ellos y el francés agregan pinceladas lingüísticas al viaje del lector. El ferropaisaje performatiza ejemplarmente diversas dinámicas fronterizas (*borderland dynamics*) al representar la interacción de un grupo heterogéneo de personas *y lenguas* en el tren (Cubena 1981, 94f.). La descripción de personas plurilingües en movimiento es uno de los elementos más llamativos de este episodio, ya que proyecta contenido histórico relativo a la diáspora antillana en Centroamérica. Revela las consecuencias de la movilidad diaspórica y del subsiguiente asentamiento en territorio nuevo en forma de contacto lingüístico.

La interacción entre tres mujeres en el vagón, muy probablemente abuela, madre e hija, refleja las consecuencias sociolingüísticas de una economía de enclave. Mientras conversan, la abuela antillana habla inglés jamaicano y la madre cambia códigos lingüísticos entre inglés y español, reflejando su realidad bicultural como hija de la doble diáspora moderna que vive en un entre-lugar. La más joven de las tres, nieta de la mujer antillana, dialoga fluidamente con su abuela y su madre, aunque se expresa únicamente en español. Este episodio literario articula verosímilmente lo que Bryce-Laporte (1962) documentó sobre el comportamiento lingüístico de los afrocostarricenses en la segunda mitad del siglo veinte (citado en Herzfeld 1983). Las generaciones más mayores de afrocostarricenses hablaban inglés, ya que seguían estando muy influenciados por su bagaje cultural jamaicano a pesar de haberse establecido en Centroamérica desde hacía ya cierto tiempo. La siguiente generación se expresaba en cambio en inglés y en español, mientras que la más joven hablaba preferentemente en español. Esta realidad también fue confirmada por Herzfeld en la década de los ochenta, cuando identificó el español como "la lengua de prestigio" entre los afrocostarricenses, quienes la consideraban fundamental para su inclusión político-económica al Estado-nación costarricense al que habían llegado a pertenecer (Herzfeld 1983, 134). El ferropaisaje de *Chombo* suscita esta realidad de forma performativa al poner los idiomas en movimiento al mismo tiempo que sus hablantes se desplazan.

Las tres generaciones de mujeres descritas anteriormente se enfrentan a Fulabuta Simeñíquez, una panameña mestiza cuya historia se caracteriza por un racismo extremo contra los afroantillanos, especialmente contra Nenén y Tidam Frenchí. Fulabuta ataca el plurilingüismo de las mujeres en el tren, exigiendo que hablen el idioma de la nación que habitan y que regresen a África con su idioma "guari-guari" (Cubena 1981, 94). Aunque la mujer mayor pone la mirada en el suelo y guarda silencio, la más joven se enfrenta a Fulabuta poniéndose de pie y diciéndole que es tan panameña como la bandera nacional, su himno y flor nacional, y también muy orgullosa de su ascendencia africana (94f.).[20] Sus palabras reflejan así el empoderamiento de su "pertenencia pluricéntrica" (*pluricentrical belonging*, Ravasio 2020). Es decir, de una identidad cultural que traza conectividad entre África, el archipiélago caribeño y los territorios del Atlántico centroamericano a partir de una conjunción de múltiples ejes de identificación cultural e histórica a causa del desplazamiento diaspórico. En otras palabras, el comentario de la joven refleja una identidad cultural rizomática tal y como se poetiza en "Roots y Branches" de Cooper. El triple repertorio lingüístico a través del cual interactúan estas mujeres performatiza efectivamente dicha pertenencia pluricéntrica al trazar las fronteras lingüísticas que resultaron de las movilizaciones humanas impulsadas por economías transnacionales en las Américas, enlazando los Estados Unidos, el Caribe y Centroamérica en la Zona del Canal. El tren se convierte aquí en el escenario que traza dichas conexiones e imaginaciones históricas y donde las rutas caribeñas y las raíces centroamericanas se condensan en una dialéctica de in/movilidades socio-espaciales.

20 "Yo soy tan panameña como el pabellón tricolor, el Himno Nacional y la flor del Espíritu Santo. Nosotras somos muy orgullosas de nuestra ascendencia africana." (Cubena 1981, 94f.)

¿Todos a bordo?

Imagen 3: "Migrante que perdió el tren, San Juan de Ocatán, Jalisco."
(© Héctor Guerrero; en García Bernal y Núñez Jaime 2011, 117)

Alrededor del mismo tiempo en que Lesseps llevaba a cabo el primer intento de construcción del Canal de Panamá, inmigrantes italianos, chinos y caribeños fueron contratados para construir el ferrocarril hacia el Atlántico en la provincia caribeña de Limón, Costa Rica bajo la dirección del empresario norteamericano Minor Keith (1848-1929). No obstante, muy similar a cómo acaeció con la construcción del Canal en Panamá, fueron en su gran mayoría "las manos negras de hombres del Caribe" (Senior 2011, 12) las que finalmente llevaron a cabo dicha empresa.

Cuando la producción de café en Costa Rica aumentó exponencialmente en la década de 1860, los políticos fueron presionados por la oligarquía cafetalera para construir un puerto en el Caribe y un ferrocarril interoceánico que conectara las plantaciones del interior con él (Olien 1977, 138). Similar al objetivo detrás del Ferrocarril de Panamá, el cual consistía en instalar una carretera que acortara las distancias entre el Pacífico y el Atlántico en busca de El Dorado, el ferrocarril costarricense también fue conceptualizado por los políticos de la época liberal como una ruta de tránsito más rápida (Viales Hurtado 2013, 97). Su propósito era conectar las tierras de la meseta central, donde se cultivaba el café, con un puerto en el Atlántico desde donde se movilizaría el café hacia Europa y América del Norte. El sistema ferroviario, por lo tanto, significaba el medio moderno e industrial necesario para "promover la economía nacional" (Chomsky 1996, 21) mediante la participación en el mercado internacional. En 1867, el presidente José María Castro Madriz intentó poner en marcha la construcción de un ferrocarril interoceánico entre el puerto caribeño de Limón y Caldera, ciudad situada en la provincia de Puntarenas sobre la costa del Pacífico. Ni el General John C. Fremont, contratado para el trabajo por Madriz, ni la compañía norteamericana contratada por el presidente Jesús Jiménez dos años después comenzaron la iniciativa ferroviaria (Viales Hurtado 2013, 111). Fue en 1871 cuando el proyecto finalmente comenzó operaciones gracias a la inversión británica y al conocimiento del magnate norteamericano Henry Meiggs, quien estuvo a cargo de la construcción del ferrocarril andino y fue contratado por el general Tomás Guardia. Meiggs, a su vez, entregaría más tarde el proyecto a su sobrino Minor Keith.

En diciembre de 1872, el primer barco atracó en Limón transportando a más de cien trabajadores migrantes. En 1874, mil jamaicanos, quinientos chinos y otros mil trabajadores no identificados trabajaban juntos colocando las vías férreas (Chomsky 1996, 24). Tal como sucedió con la construcción del Canal y el Ferrocarril de Panamá, el proyecto costarricense se completó gracias al esfuerzo físico de la mano de obra barata y migrante que arribó al país desde el Caribe insular. En 1890, tan sólo unas décadas después de que se completara el Ferrocarril panameño, las vías férreas entre el Valle Central y la provincia caribeña costarricense fueron establecidas, extendiéndose aproximadamente 160 km a lo largo del territorio nacional (Viales Hurtado 2013, 111-114).

Posteriormente, en el mismo año que La Grande Tranchée se declaró en bancarrota, Keith fusionó su Tropical Trading and Transport Company con la Boston Fruit Company fundando así la United Fruit Company en 1899, para cuyo funcionamiento devendría fundamental el sistema ferroviario. Una vez que su empresa bananera despegó, Keith utilizó el sistema de transporte que él mismo había construido como garantía para financiar la expansión de su capital por todo el istmo (Harpelle 2001). A diferencia de la construcción del Canal de Panamá, que era un proyecto dirigido por el gobierno de los Estados Unidos, Minor Keith era un "empresario transnacional" (cf. Portes 1996, 3) que operaba como un "intermediario" privado entre los inversores extranjeros (en su mayoría norteamericanos y británicos) y los gobiernos nacionales centroamericanos.[21] Esto con el fin de consolidar sus diversos proyectos en la región (Quesada Monge 2013, 33-40). Al sobrecapitalizar tales proyectos y así aplazar el pago de sus deudas, Keith reinvertía el dinero para expandir sus otros proyectos de mayor calibre, como la producción de banano y el sistema ferroviario. A través de este modus operandi, Keith fundó empresas mineras, agrícolas, eléctricas y bancarias en toda la región, lo que le

21 Portes define a los "empresarios transnacionales" como hombres de negocio cuya trayectoria económica es de pronunciado ascenso, regulada por las leyes internas de las propias empresas multinacionales.

otorgó el título de "el rey no coronado de Centroamérica" (Bitter 1921, citado en Kepner y Soothill 1976, 44).

Esto fue posible gracias a las concesiones que los gobiernos nacionales firmaban con Keith (Quesada Monge 2013, 89). En efecto, una década y media antes de la fundación de la United Fruit Company, el gobierno costarricense le había otorgado al empresario norteamericano una concesión de 800 000 acres de tierra no desarrollada a lo largo de la línea de ferrocarril, así como posesión total e indiscutible del ferrocarril que debía completar, entre otras compensaciones, por una duración de 99 años.[22] Esto correspondía en su momento a casi una octava parte del territorio nacional (Rodríguez 2009, 47). Gracias al contrato Soto-Keith – en sí un "prototipo de concesiones posteriores a poderosas empresas extranjeras" en América Central (Kepner y Soothill 1976, 44) –, Keith pudo revertir el uso del ferrocarril y su sistema de movilidad al servicio de la exportación de bananos, cuya planta había ya comenzado a sembrar en 1878 con el fin de financiar la construcción del ferrocarril en primer lugar (Rodríguez 2009; Olien 1977). Con Costa Rica como punto de partida de operaciones (Rodríguez 2009, 47), Keith expandió así un *Imperio del Banano* en los países vecinos (cf. *Banana Empire*, Kepner y Soothill 1976; Ravasio 2020). El sistema ferroviario se convirtió consecuentemente en un elemento fundamental para el desarrollo de una economía transnacional entre América Central y los Estados Unidos du-

---

22 "El Gobierno concede a la Compañía 800 000 acres de tierras nacionales no urbanizadas a lo largo de la línea férrea o en cualquier otra parte del país, a ser seleccionadas por la compañía, con todas las riquezas naturales que dichas áreas contienen y la franja de terreno para el derecho de paso para la construcción del ferrocarril y las estructuras necesarias; y todo tipo de material necesario para la construcción del ferrocarril que se encuentre en terrenos no urbanizados en cualquier parte del ferrocarril; y dos de los lotes de propiedad nacional que ahora se miden en el puerto de Limón, para la construcción de muelles, almacenes y estaciones, todo ello sin reembolso de ningún tipo ... El Gobierno no puede establecer impuestos sobre dichos terrenos en un plazo de veinte años, a partir de la fecha efectiva de esta concesión [...]" (Artículo XII del Acta Soto-Keith, citado en Kepner y Soothill 1976, 45).

rante la primera mitad del siglo veinte, similar a como lo fue el ferrocarril transístmico para el Canal. Durante los años de construcción del Canal bajo la supervisión de los Estados Unidos, Costa Rica vivió un auge económico gracias a la United Fruit Company (también, UFCo.), cuyo sistema ferroviario movilizaba su economía, fruta y peones. No es coincidencia que en 1912 Keith controlara los *International Railways of Central America* (Ferrocarriles Internacionales de Centroamérica; Quesada Monge 2013, 95) junto con "líneas ferroviarias transcontinentales que atravesaban Guatemala, Honduras, Nicaragua, Panamá y El Salvador" (Rodríguez 2009, 48).

La implementación de un ferrocarril a finales del siglo diecinueve en Costa Rica primero, y el control de un sistema ferroviario centroamericano en la primera mitad del siglo veinte posteriormente constituyeron la infraestructura necesaria para sostener una economía de enclave en la región. Esto no sólo permitió que se desarrollara una modalidad de capitalismo dependiente transnacional, sino que permitió el desarrollo de nuevas formas de moverse y de socializar (cf. Hannam, Sheller, Urry 2006, 15). Durante este tiempo, movilizaciones de personas y bienes materiales por parte del sistema ferroviario implicaron diversos espacios sociales que a su vez eran determinados por las dinámicas de enclave de la UFCo. La literatura de la época se convirtió en testimonio social de dicho proceso interamericano, enmarcando literariamente las sufridas condiciones que vivían los peones en las plantaciones de la UFCo. A diferencia de *Chombo*, que se centra en la doble diáspora caribeña en la Zona del Canal, "Bananos y hombres" (Lyra 2011 [1931]), *Bananos* (Quintana 2002 [1942]) y *Prisión Verde* (Amaya Amador 1957 [1950]) retratan otro grupo social cuyas historias de in/movilidad están sin embargo también circunscritas por las empresas transnacionales norteamericanas.

Estas novelas esbozan dinámicas interamericanas al retratar una cartografía social compuesta por trabajadores mestizos de toda la región en forma de una *peonada in/móvil*. Aunque las representaciones de personajes chinos, antillanos e indígenas también construyen el mundo social de las narraciones, éstas son más bien secundarias en las tramas de las novelas, complementándolas. Son las historias personales de los peones las que se desarrollan al interior de las plantaciones bananeras centroamericanas y que corresponden a ficciones que retratan las dificultades del proletariado mestizo centroamericano, "producto de diferentes migraciones laborales" (Rodríguez 2009, 53). Reflejan así las duras y hostiles condiciones de vida que dicho grupo heterogéneo de trabajadores en movimiento sufrieron a causa de las dinámicas sociales propias a los enclaves bananeros. Comprometidos a representar la realidad bananera desde la perspectiva del peón móvil, los autores reconstruyen un mundo social "desde abajo" (Mackenbach 2006). Razón por la cual dichas narrativas comunican protesta social e inclinaciones antiimperialistas respecto de la presencia de la UFCo. en la región. Indiscutiblemente, los escritores "buscaron impulsar una agenda revolucionaria en Centroamérica" a través de su literatura (Rodríguez 2009, 46).

Kinética del desplazamiento de la fruta

En las novelas bananeras, la historia, ideología y las economías de enclave implican en conjunto una experiencia corpórea de movimiento entrelazada con muerte, desigualdad e inmovilidad. Cada una de estas novelas describen de una manera u otra un mundo social cuya dialéctica de in/movilidades se entretejen unas con otras mediante la máquina de hierro. Al igual que en *Chombo*, el tren aparece también en estas narrativas como un doble de la economía de enclave. El caballo de hierro cabalga con ímpetu bajo "la sombra de los bananales" (cf. Putnam 1999, 173) y atraviesa la exuberante naturaleza de las plantaciones caribeñas mientras enmarca las historias de los personajes en relatos de in/movilidad – delimitados los mismos por las infinitas vías de hierro. En sí un símbolo de progreso, libertad y democracia al representar un sinónimo de libre circulación, la gran máquina de hierro reconfiguró las relaciones sociales a partir de las nuevas posibilidades económicas que implicaba el *oro verde*, como es aclamado en las historias mismas. En dichas narrativas, estas oportunidades se despliegan sin embargo como proyectos fallidos de mejoramiento socioeconómico para los que se encuentran en el substrato más bajo de la economía de plantación. Quienes, al igual que los afrocaribeños en la Zona del Canal en *Chombo*, sostienen paradójicamente la economía de enclave con la movilidad de sus propios cuerpos.

En 1931, cuatro años antes de la huelga nacional contra la UFCo. en la provincia caribeña de Limón, Carmen Lyra publicó cinco cuentos en la revista semanal titulada *Repertorio Americano* agrupados bajo el título "Bananos y hombres". Retratando la existencia afligida de los peones en los enclaves bananeros costarricenses, estos relatos representan el primer trabajo de literatura antiimperialista centroamericana profesada contra la United Fruit Company. Inauguró así el género de la novela bananera del siglo veinte, cuyos ejemplos fundacionales son *Mamita Yunai* (1941) del costarricense Carlos Luis Fallas y la trilogía del guatemalteco Miguel Ángel Asturias (1950-1960).[23] En los campos bananeros de los cuentos cortos de Lyra las mujeres son reducidas a parejas sexuales que tienen hijos con hombres ausentes ("Estefanía"). La naturaleza corresponde a una entidad hostil y asesina que ignora las festividades santas como la víspera de Navidad ("Nochebuena"). Los niños son retratados enfermos y miserables, afectados por el alcoholismo de sus padres (y propio), mientras que la propaganda de la UFCo. retrata a niños felices, saludables y sonrientes comiendo bananos costarricenses ("Niños"). Los cuentos de Lyra pintan así una narrativa socialrealista que representa críticamente el mundo que surgió entorno a la presencia de la UFCo. en el país, entrelazando ficción e historia de manera verosímil.

Publicado en 1950, *Prisión verde* de Amaya Amador ofrece también una mirada a la historia del banano en Honduras. Una mirada que enmarca literariamente el dolor de los peones, atrapados entre la vida, la enfermedad y la muerte. El título se despliega recurrentemente a lo largo de la novela como una metáfora auto-explicativa. Un símbolo de tres caras aludiendo a los enclaves bananeros, el color verde remite no sólo al follaje de la planta de banano y al exuberante ambiente donde crece, sino al verde del dólar con el cual los magnates y los altos mandos de la United Fruit Company se enriquecían (i.e. el *oro verde*). Inversamente, a pesar de que sus ilusiones de bienestar económico hayan sido fomentadas por la falsa propaganda del oro verde – explícitamente criticada por Lyra en "Niños" –, los peones nunca logran acceder a dicha riqueza. El título mismo señala además la naturaleza encarceladora de la economía del enclave bananero, "enraizada en las desigualdades sociales y económicas" (Soluri 2005, 129) que obstruían la movilidad social de la peonada. Así, la prisión verde capturaba a hombres, mujeres y niños, los cuales existían afligidos entre los campos de hostilidad tropical y el dinero cosechado en ellos por otros.

Bananos, en cambio, relata un flujo de peones migrantes que *moran en desplazamiento* miserablemente (cf. *dwelling in displacement*

---

23 *Viento fuerte* (1950), *El papa verde* (1954), y *Los ojos de los enterrados* (1960).

en Clifford 1992). El subtítulo, "La vida de los peones en la yunai", es más bien irónico ya que Quintana da forma literaria a los relatos de in/movilidad de una caravana humana que describe como un corpus de "seudohombres" (2002, 82). Detallando a las personas en movilidad como cadáveres vivientes, Emilio Quintana retrata a la multitud viajera de *Bananos* como una "[t]ribulación infernal" (8) que vaga por la tierra en paralelo al sistema de tránsito industrializado. Está compuesta por un caleidoscopio de personas en movimiento, entre ellas mujeres sin bañar, malsanas y angustiadas, acompañadas de muchachos que lloran y de seres moribundos (6f.). *Bananos* describe la movilidad proletaria como miserable y de naturaleza alucinante, retratando así un flujo de miseria.[24] Al incorporar "la vida de los peones en la yunai" como el *sub*título de *Bananos*, Quintana apunta en primer lugar a la lógica criminal del sistema neocolonial de las plantaciones de banano.

Carmen Lyra también introduce al lector a "Bananos y hombres" bajo una óptica similar. '*Bananos*' se antepone a '*hombres*' en el título dado que la fruta de exportación se impone ferozmente sobre los seres humanos en los enclaves bananeros. Esto refleja el dominio absoluto que la economía del banano tenía con respecto a los peones, siendo estos últimos de "valor mínimo" (Lyra 2001, 119). Dicho elemento paratextual se debe de contextualizar a la luz de lo que la economía bananera realmente consiguió en Costa Rica en la primera década del siglo veinte. A diferencia de los 420 mil tallos exportados en 1884, los Estados Unidos recibió tres millones de racimos de banano en 1900 y cuatro millones dos años después. En 1908, este número aumentó considerablemente cuando diez millones de tallos fueron enviados desde Costa Rica a Norteamérica.[25] Mientras que el Canal de Panamá estaba a un año de ser inaugurado, los Estados Unidos se había convertido en el principal consumidor de bananos cultivados

24 "Pero antes que todo pasó por estos sitios la caravana miserable de la peonada alucinada por el halago de un trabajo mejor remunerado." (Quintana 2002, 12)

25 Los datos relativos a la exportación de banano durante estos años pueden ser confirmados en Kepner y Soothill 1976, 51f.; Harpelle 2001, 19-25; y Bryce-Laporte y Purcell 1982, 228-230 (cf. Ravasio 2020, 77).

en Costa Rica y este pequeño país centroamericano se convirtió así en el principal exportador de la fruta en este momento. Por lo que el párrafo introductorio de Lyra, donde explica las razones por las cuales la fruta se antepone en el título a los seres humanos, se expresa primordialmente en contra del imperialismo estadounidense y de la producción masiva de banano debido a su indiferencia frente a la vida humana, lo cual retrata en sus cuentos.

> Pongo primero BANANOS que HOMBRES porque en las fincas de banano, la fruta ocupa el primer lugar, o más bien el único lugar. En realidad el HOMBRE es una entidad que en esas regiones tiene un valor mínimo y no está en el segundo puesto, sino que en la punta de la cola de los valores que allí se cuentan. (Lyra 2001, 119)

Lyra, al igual que Amaya Amador y Quintana, escriben con vehemencia contra la paradójica realidad que implementaba el oro verde. Las tramas de las novelas destacan lo que los títulos implican en un primer acercamiento, pues describen con vívido detalle la posición de desventaja que la peonada ocupaba frente al banano en dicha economía móvil interamericana.

El protagonista de estas novelas es, efectivamente, los enclaves bananeros representados en toda su autoridad. Al igual que en el mundo social de *Chombo*, las cartografías sociales se manifiestan aquí también como geometrías de poder diseñadas bajo la sombra de los Estados Unidos – del banano por un lado y del Canal por el otro. Las representaciones literarias de ambas economías de enclave comparten no sólo los elementos humanos de dolor, sufrimiento y muerte, sino que, de manera aún más significativa, sus ferropaisajes combinan la movilidad social y espacial narratológicamente en tanto fenómeno interamericano. Como en *Chombo*, los ferropaisajes literarios de la prosa bananera revelan también la fusión de movilidad e inmovilidad humana por medio de la representación caleidoscópica de los viajes y de las permanencias que los personajes experimentan. Estas reflejan, a su vez, la inmovilidad social de los mismos. En su proceder literario, los *fps* revelan geografías híbridas concernientes a las relaciones cuerpos-fruta-dinero que han sido instauradas por el sistema ferroviario. Plasman así narraciones in/móviles que han sido codificadas bajo la forma de cautiverio, del morar-en-desplazamiento y de fosas comunes. Estas metáforas móviles existen además en estrecha relación con sueños frustrados de movilidad social, a partir de las cuales se compone una intertextualidad cuya dialéctica de in/movilidad es intrínseca al mundo ferroviario de la United Fruit Company. En sus particularidades, estos ferropaisajes ilustran conjuntamente la imagen de estar atrapados por 'un pulpo colosal y corporativo' (Harpelle 2001, 68; Rodríguez 2009, 48) cuyos tentáculos se extendían sobre la tierra y almas del territorio centroamericano a lo largo de miles de kilómetros que yacían paralelo a las vías de hierro. En efecto, Harpelle, basándose en los datos expuestos en 1926, documenta que la Compañía estaba presente en ese momento en nueve países centroamericanos con una fuerza contratada de setentamil personas. Poseía 1 834 000 hectáreas de tierra que destinaba a la producción de banano, caña de azúcar, coco y cacao. Además, la UFCo. controlaba 1 541 millas de ferrocarril y 722 millas de tranvías. Poseía 187 locomotoras, 22 tranvías, 5 230 vagones de ferrocarril y 1 859 tranvías (2001, 68). Estos ferropaisajes describen por lo tanto otra cara del Imperio del Banano.

La kinética del desplazamiento de la fruta y el estancamiento socioeconómico de los peones están condensados en los ferropaisajes de las novelas. Estos, a su vez, están enmarcados por la economía de plantación neocolonial interamericana, la cual determina los relatos de in/movilidad de los personajes. Dado que "Bananos y hombres" corresponde a una serie de historias cortas, las narraciones mismas se perciben como en movimiento. Cada relato individual salta de una historia a otra, componiendo así un retrato variegado de bananos y humanos en una relación dinámica con la in/movilidad social y espacial. Trasladándose de un escenario bananero al siguiente, los cuentos cortos de Lyra describen los viajes de mujeres jóvenes y enfermas y también de hombres heridos que se desplazan a pie, en tren, en motocarro y en barco. Los personajes recorren el territorio costarricense desde la costa del Pacífico hasta las plantaciones del Caribe, de ahí de vuelta a la capital y, por último, de regreso al 'banano' una vez más. Junto a historias de niños pobres, analfabetos y desafortunados, su prosa da vida a un mundo social que se mueve atrapado entre las vías de tren y los tallos del banano de la "United Banana Co." (Lyra 2001, 126). Si bien en dichos relatos aparecen los ferropaisajes azarosamente, siendo poco frecuentes, su presencia se refiere sin excepción alguna a la economía móvil de la UFCo, tal como el relato "Nochebuena" lo despliega.

En dicho cuento, la kinética del desplazamiento de la fruta prescribe por una parte las experiencias sufridas de las personas que viven en condiciones deplorables, mientras que por otra parte determina simultáneamente las riquezas de aquellas personas que se benefician de los sacrificios corporales de los primeros. Este cuento corto despliega tres historias paralelas en las que se enfrentan el bienestar y la miseria, las cuales se entrelazan gracias al tren de carga que atraviesa la trama narrativa. Mientras los gerentes de la UFCo. de Costa Rica disfrutan de la natividad católica de manera religiosa y agradecida, los peones centroamericanos soportan en cambio fuertes lluvias tropicales entretanto cortan tallos de banano. La "preciosa carga" (124) es colocada cuidadosamente sobre la carreta que jalan las mulas, la cual será luego traída de vuelta debido al exceso de fruta en los mercados estadounidenses. Esto implica a su vez el despido de más recolectores de banano (125). Por lo que la valiosa mercancía se desecha y se deja podrir bajo la lluvia en Nochebuena. Asimismo son abandonados los peones, los carreros y los recolectores de bananos que celebran la víspera de Navidad bajo el diluvio torrencial que se apodera violentamente de sus ranchos. Opuesto al peón que ahora yace inmóvil en su cama porque se lastimó la rodilla mientras colocaba el motocarro sobre las vías férreas, el Sr. Sweentums – el subdirector norteamericano de la UFCo. – disfruta extravagantemente de su oro verde en Nueva York. Ha regalado a su novia un Rolls Royce para Navidad. En este relato la velocidad, la mercancía y la riqueza de quienes ocupan altos mandos en la UFCo. son cualidades emblemáticas del desplazamiento de la fruta transformado en bienestar económico para la élite. El sistema ferroviario aparece en la narración para permitir el transporte de bienes materiales y, por ende, el enriquecimiento para algunos. Mientras que el desplazamiento de la fruta sobre las mismas vías obstruye directamente el bienestar de los peones. El ferropaisaje de "Nochebuena" retrata ejemplarmente las geometrías de poder intrínsecas al Imperio del Banano.

Tal como en el cuento corto de Lyra, el sistema ferroviario está también latente en las novelas bananeras de Amaya Amador y Quintana, casi mudo si no fuera porque los *fps* enmarcan el desarrollo de las tramas a través de la in/movilidad. De la misma manera que un río nunca abandona su cauce, porque son uno y el mismo, indisolubles, las narraciones siempre están acompañadas de alguna manera por la presencia del tren. En los escenarios de las in/movilidades que se describen, los *fps* despliegan metáforas de exclusión socioeconómica que orquestan diversos tipos de movilidades humanas de acuerdo con cómo la máquina de hierro guía el movimiento del capital en las Américas. Los motocarros, pero también los diferentes tipos de trenes (de pasajeros, de carga, de pago) se acoplan a la caravana humana que atraviesa la montaña a pie o a las masas de agua en barco. Los ferropaisajes son, por lo tanto, múltiples y no se limitan al tren, sino que comprenden también diversos sistemas de movilidad derivados del mismo.

Llama la atención el hecho de que los *fps* en *Prisión verde* representan en cambio el marco narrativo dentro del cual se despliegan diversas historias del proletariado, pues allí es donde Amaya Amador enmarca la vida y la muerte de sus personajes. Los *fps* atraviesan el paisaje de los barrancos al mismo tiempo que se van entrelazando los personajes y sus historias, orquestando así su principio y su fin. Los ferropaisajes representan, por lo tanto, la estructura narrativa que sustenta el desarrollo de los relatos de los protagonistas, cuya existencia está delimitada por las líneas del tren. Esos límites de la prisión verde desaparecen sin embargo en *Bananos* de Emilio Quintana. A diferencia de *Prisión Verde*, donde el mundo ferroviario no se despliega en el primer plano de la trama, sino que sostiene sus límites, el narrador diegético de Quintana es un viajero que se sube y baja de trenes, barcos y lanchones, y que además depende de sus pies para deambular constantemente por la montaña en busca de nuevos trabajos en diversos enclaves bananeros de Costa Rica. Los ferropaisajes de Quintana ponen así la narración *en movimiento*. El núcleo de la novela está orquestado por el tren, los motocarros y barcos, por la caravana humana y por la economía bananera que pone en movimiento todos estos elementos. *Prisión Verde*, en cambio, es una novela de inmovilidad, de estar confinado dentro de los barrotes de una prisión cuyos muros son de una maleza densa y de matorral verde.

Rememorando

Rememorar es una forma de viajar al pasado que conjura de forma imaginativa la dialéctica de in/movilidad. En *Prisión Verde*, las vías férreas sostienen los recuerdos que surgen cuando al caminar por las líneas de hierro Máximo Luján le cuenta a Martín Samayoa cómo llegó a ser cautivo de la prisión verde hondureña. Los dos hombres son pobres, uno desempleado, el otro enfermo por el trabajo. Samayoa, antiguo terrateniente que había vendido sus tierras a "la Compañía", se encontraba ahora pidiéndole trabajo al Sr. Stills en una silenciosa pero evidente desesperación (Amaya Amador 1957, 11). Mientras que Luján, cautivo de la prisión verde desde niño, recuerda su entrada en el mundo del banano mientras "los kilómetros se sucedían a los kilómetros" (21). En este viaje "hacia occidente caminando sobre los cascajos y 'durmientes' de la vía férrea" (17), Luján comparte con Samayoa su historia de partida.

Los dos hombres parten juntos de la sede de la Compañía y se dirigen a pie a Culuco, una plantación situada bastante lejos. Este episodio narrativo es literalmente un viaje al mundo de los recuerdos, ya que Luján le cuenta a Martín sobre su partida de casa y consecuente arribo a la prisión verde. Su propia historia de in/movilidad comienza con su padre, quien buscaba obtener bienestar económico y así devenir rico siguiendo el oro verde. Siendo él mismo un niño, Luján no tuvo más remedio que aceptar los planes de su padre e ir con él. Incapaces de consolidar un estilo de vida estable, Luján le explica a su compañero de viaje cómo deambulaba con su padre de un lugar a otro similar a "hojas al viento" (18), hasta que éste murió en una pelea. Ahora, a sus treinta y tantos años y aún incapaz de liberarse del mundo social del enclave, Luján sigue viviendo en desplazamiento porque retornar a casa es inimaginable (21). No porque las jerarquías kinéticas ejerzan poder sobre su posible retorno, como en la negación de repatriación de James, sino por vivir en *cautiverio*. Es decir, la economía de enclave bananera lo ha confinado a una búsqueda interminable de trabajo porque nunca puede escapar de "un ciclo de pobreza absoluta" (Soluri 2005, 129).

El relato personal de Luján se halla enmarcado narratológicamente por las líneas de ferrocarril y por el tren de carga, los cuales sostienen su reminiscencia de in/movilidad socio-espacial como el trasfondo escénico de la historia. Antes de iniciar su viaje, Luján encuentra a un angustiado Samayoa sentado frente a las vías férreas (14), a quien explica que no podrá viajar en el tren ya que la Compañía prohibía el transporte de personas sobre él (16). Emprenden por lo tanto el viaje a pie sobre las ferrovías donde Luján comienza a relatar su historia personal. Mientras se desarrolla su relato de in/movilidad, las líneas férreas acompañan e interceptan sus recuerdos de partida y de morar-en-desplazamiento hasta que, hacia el final de este episodio, aparece el tren de carga en toda su potencia. Este pasa ruidosamente y con ímpetu mientras los dos hombres se hacen a un lado para luego emprender el viaje nuevamente una vez que el tren ha pasado, concluyendo la narración de Luján. Dicho ferropaisaje encuadra así el relato de bienestar socioeconómico no cumplido de Luján al mismo tiempo que su inmovilidad social es además *performatizada* mediante el desplazamiento espacial que emprende con Samayoa. Es decir, a pie, enfermos y en bancarrota, caminando por las vías en lugar de viajar en el tren que acortaría la larga distancia hasta Culuco, permitiéndoles llegar más rápido. La historia de su desfavorable condición socioeconómica se refleja irónicamente en la capacidad de movilidad que tienen, la cual es limitada y está además restringida por la Compañía: el tren de carga es para el transporte de bananos, no de peones que cosechan dicho producto. De esta manera, el tren que interrumpe la historia personal de Luján hace explícitas las jerarquías kinéticas que constituyen el mundo social de la Compañía.

Así como lo muestra el ferropaisaje de Luján, la peonada no tenía acceso a la velocidad. Ni montados sobre el tren de carga, ni tampoco como pasajeros del motocarro, como se narra más adelante. Tal y como se implica en "Nochebuena" con el Rolls Royce, el privilegio privado de la velocidad ejemplifica estructuras de exclusión socioeconómica que son también intrínsecas al mundo ferroviario de *Prisión Verde*. Mientras los comandantes de los estratos superiores de la Compañía recorrían el mismo espacio con mayor velocidad al usar el tren y sus formas derivadas de movilidad, los campeños Lucio Pardo,

Máximo Luján y Martín Samayoa usaban sus pies para ir a las oficinas de la Compañía desde el cuartel en Culuco (44). Estas jerarquías kinéticas se refuerzan con la aparición de hombres que se han vuelto ricos recientemente, entre ellos Lupe Sierra, antiguo terrateniente que acababa de vender sus tierras a la Compañía. Viajando sobre un motocarro a una velocidad vertiginosa – es decir, sobre un vehículo motorizado de tres ruedas para transportar cargas ligeras – estos pasan volando por los campeños que se dirigen hacia el mismo destino (45), dejándolos atrás. La velocidad de los hombres en el motocarro se opone a la lentitud transeúnte de los campeños como expresión obvia de su recién adquirida riqueza temporal. El viaje de Sierra y Cantillano en motocarro hasta la casa del Señor Fox recrea esto (50f.). Es cuestión de tiempo antes de que nos encontremos con estos dos hombres de nuevo. No en el motocarro, sino a pie y pidiendo trabajo al señor Fox, esta vez como campeños ellos mismos (134f.). Su historia no es más que un eco de la historia de in/movilidad de Samayoa, por lo que la recurrencia de esta dialéctica de in/movilidad resalta la naturaleza atrapante del pulpo corporativo.

Si *Prisión Verde* es ante todo una historia de partida y no-arribo condensada en *cautiverio*, *Bananos* plasma en cambio una *caravana moribunda* en viaje interminable, cuyo episodio de rememoración despliega un grupo de personas en desplazamiento transnacional. Al viajar en el tren costarricense desde Puntarenas hacia la capital de San José, el narrador diegético recuerda imágenes de su Nicaragua natal. La vista desde el interior del tren no aísla al narrador de las escenas que observa a su paso. El espectador es más bien capaz de relacionarse con lo que está percibiendo ya que no le es ajeno. Distinguiendo con la vista un movimiento de miseria impulsado por una economía de explotación, el narrador identifica un pueblo costarricense desolado, similar al que había observado mientras viajaba en un tren de pasajeros en Nicaragua. La multitud de mujeres vendedoras, la mendicidad infantil y una cantidad de gente desilusionada y desamparada en ambos países le confirmaron que los "trenes que soslayan la tierra son un reflejo de ese loco afán por vivir, por subsistir, mejor dicho, entre el oleaje enloquecido de la economía" (Quintana 2002, 56f.). Este ferropaisaje no representa aquí un viaje como el que se retrata en *Chombo* en el capitulo "Kwasiada", ni tampoco se refiere a un viaje privilegiado de ocio. Lo que el narrador percibe con su vista a través del ventanal retrata más bien la deshumanización de sus pasajeros.

Representaciones de cadáveres vivos, movilidad e inmovilidad son elementos comunes en los ferropaisajes de las novelas bananeras, constituyendo una intertextualidad férrea. Quintana asimila por su parte la experiencia de los trabajadores de la Compañía a un cuerpo moribundo. La peonada de Quintana se reduce a *cadáveres* ya sea porque yacen entre las líneas de tren al ser cortados en dos a causa de un accidente laboral (10); porque han sido mordidos por una terciopelo (24); o porque son llevados a las ferrovías para ser recogidos por el tren y ser transportados al hospital en calidad de remanente de heces a causa de las amebas (14). La novela retrata así cómo estos 'exhumanos' yacen exhaustos a merced del ferrocarril. La prisión verde está sostenida por motocarros y trenes que se deslizan por las vías del sistema ferroviario transportando carga de manera similar a como un esqueleto otorga postura a un cuerpo moribundo. Quintana llama sus peones "seudohombres" (82) mientras que Amaya Amador los describe como "subhombres" (1957, 133). Encarcelados dentro de la prisión verde, los regadores, veneneros, chapiadores y corteros del proletariado de Culucu devienen menos que humanos, convirtiéndose en "exhombres" (108). Al igual que los muertos vivientes de Quintana y los no-humanos de Amaya Amador, Lyra también retrata a los hijos de estos como cadáveres en vida.

El cuento "Niños" de la autora costarricense trata sobre el cautiverio infantil en la prisión verde, cuyo núcleo protagónico incluye desde bebés hasta niños de doce años. Ramón y Julia, Anselmo y sus cuatro hermanos menores, Lidia la joven hija de una prostituta, Martín el niño sin madre, Natalia y su hermano menor, son todos niños y niñas con "ojos sin alegría" (Lyra 2001, 131). Pobres, analfabetos y desafortunados. Estos niños pequeños ejemplifican la hostil dialéctica de in/movilidad de los enclaves bananeros y cada relato infantil lo ejemplifica de manera particularmente elocuente. Con la esperanza de ayudar al niño a lograr algo más en su vida, la madrastra de Martín le lava ropa a un peón para que éste le enseñe al niño a leer (130). La madre de Natalia debe sin embargo renunciar a este sueño para su propia hija, ya que la familia se muda a unos seis o siete kilómetros de distancia porque los adultos deben preparar la montaña para los nuevos cultivos de banano (131). En su exploración de las movilidades de niños y niñas en conjunto con sus familias, Clare Holdsworth (2014) explica que "los padres desean maximizar las oportunidades de sus hijos e hijas y emprenden diversas formas de movilidad para lograrlo" (423). Aquí, sin embargo, el desplazamiento físico de los adultos consolida hasta cierto punto la futura inmovilidad social de la niña Natalia, ya que el analfabetismo significa a grandes rasgos un obstáculo fundamental para el mejoramiento socioeconómico en general. La historia de Máximo Luján, el cual se marchó con su padre siendo aún niño, es un claro ejemplo de esta dialéctica de in/movilidad. Viajando las crías con sus padres ellos también como "hojas al viento", las vidas in/móviles de los niños y niñas están marcadas por la desnutrición, la miseria y por las enfermedades físicas causadas todas por la kinética del desplazamiento del banano. Como lo atestigua el narrador de *Bananos*, "esta infancia no es infancia". Es más bien la "inocencia violada por la humillación y la miseria" (Quintana 2002, 58). Indistintamente, Máximo Luján destaca que no es justo traer niños a la prisión verde "para que vengan a servir de bestias de carga como nosotros" (Amaya Amador 1957, 105).

Tumbas abiertas

La furiosa marea de esta perpleja economía crece con ímpetu desde la planta de banano y cae sin piedad sobre el peón y su descendencia, mientras que el suelo cosecha las ramificaciones de geometrías de poder. La movilidad encuentra permanencia en los huesos rotos y es en los espacios entre esas fisuras donde se desarrollan las historias de los cadáveres. El suelo se convierte así en un cementerio. Las historias de Lyra complementan la metáfora del *cautiverio* de Quintana y de la *caravana moribunda* de Amaya Amador con representaciones de *fosas comunes* como el lugar donde se intersectan la obstrucción de la movilidad espacial y social. En "Estefanía", la fosa común es el mar. En "Nochebuena" es la lluvia torrencial y las inundaciones de los ranchos. El Hospital San Juan de Dios en la capital de San José representa en cambio un tercer tipo ("Río Arriba"), mientras que en general, y particularmente en "Niños", son las plantaciones bananeras en toda su violenta autoridad la fosa común por excelencia. La dialéctica de in/movilidad presente en "Bananos y hombres" está compuesta por muerte, movilidad laboral y sueños no cumplidos. La historia de una mujer llamada Estefanía lo saca a relucir.

"Estefanía" corresponde a un viaje imaginario que cobra vida con la visión de una cruz.[26] En esta cruz decolorada se puede leer el nombre "Estefanía R." Al adivinar los posibles apellidos de esta persona, la narradora recuerda a una mujer que una vez vio viajando con su hija. Imaginando su historia de vida, la narradora despliega entonces un relato de in/movilidad sobre una anónima mujer muerta a quien se le ha dado un nombre para que no desaparezca entre muchas. "Estefanía" se compone de esta manera como una sinécdoque de la peonada móvil y corresponde en gran medida a una "desconocida". El relato describe su difícil viaje primero desde la provincia de Puntarenas sobre la costa del Pacífico, hasta las plantaciones bananeras

26 "Y una fila de siluetas femeninas [...] comenzó a desfilar por la imaginación [...] Hay una que se destaca [...] El nombre se ha borrado de la memoria." (Lyra 2001, 119f.)

del Caribe. Luego hacia el hospital capitalino debido a una enfermedad causada por el banano y, por último, de vuelta nuevamente a la provincia bananera sobre el tren y el vehículo de carga tirado por las mulas. Entre estos viajes, la joven Estefanía de veinticinco años ha dado a luz a tres hijos de tres hombres diferentes de la capital, ha pasado de un amante migrante a otro en los barrancos bananeros y ha sido violada por peones borrachos. Su historia de movilidad, al igual que la de la única hija que le acompaña, es la de una vida sufrida en desplazamiento continuo. Movilidad que se sostiene por el propio sistema ferroviario que la transporta de una vida dolida a la siguiente. Su última inmovilidad absoluta, evocada por la decolorada cruz, no significa que su desplazamiento por Costa Rica se haya detenido finalmente. A pesar de estar enterrada, la cruz parece haber sido traída por la marea. El mar se ha convertido así en la tumba de "Estefanía".

Las cruces y las fosas comunes aparecen también en *Bananos* como hilo narrativo común. Al igual que en "Niños", los enclaves bananeros representan en sí un cementerio arquetípico. Deambulando entre los follajes secos del banano "que les da el aspecto de bailarinas hawainas" (Lyra 2001, 123), el narrador diegético de Quintana es testigo de cómo estas tierras bananeras están sembradas con cadáveres que han sido enterrados en la jungla.[27] Tal y como se mencionó acerca de los altos índices de mortalidad en la construcción del Ferrocarril de Panamá, el narrador testimonial de *Bananos* también considera que el cuerpo de cada muerto corresponde a un polín que sostiene la línea férrea.[28] Además, la caravana humana no personifica ni la vida ni la muerte, sino que se ve impulsada a vagar ella misma en tanto *tumba abierta.*[29] La movilidad, la muerte y la explotación se condensan narrativamente en las vías férreas cuando el narrador afirma que es a lo largo de éstas que los peones mueren de forma anónima, tal como aquellos migrantes antillanos que construyeron el ferrocarril y

27 "Toda esta travesía está sembrada de cadáveres [...]" (Quintana 2002, 13).

28 "Por cada polín que sostiene la línea férrea, bien se podría colocar el cadáver de un hombre." (Quintana 2002, 13)

29 "Todos ellos empujados por el natural derecho de vivir, o mejor dicho de querer vivir muriendo día a día, entre esta desolación que no es vida ni muerte, sino una sepultura abierta [...]" (Quintana 2002, 12).

el Canal en Panamá. Al igual que en "Estefanía", el entierro profano de la peonada móvil de *Bananos* también está señalada por "un par de palos colocados en forma de cruz" (Quintana 2002, 10).[30]

Como en *Chombo*, las historias de inmovilidad social de *Prisión Verde* se complementan con movimientos sociales que resisten y contrarrestan las dinámicas de enclave. Criticando al gobierno que ha entregado la tierra a empresas extranjeras por medio de diversas concesiones, los peones responsabilizan a los políticos de su subyugación.[31] Desarrollando su propia conciencia de clase, se reúnen y discuten la creación de un sindicato para exigir mejores condiciones laborales y salariales (Amaya Amador 1957, 102). Protestando contra el hambre y la miseria, los peones se marchan de sus puestos de trabajo y hacen huelga (109), pidiendo a Máximo Luján que sea su líder y representante (111f.). En la madrugada del segundo día, los representantes de la Compañía llegan acompañados por el Coronel y una escolta fuertemente armada, la cual elimina la manifestación con violencia física. Mientras que catorce hombres son encarcelados y transportados al día siguiente lejos de allí por el tren de carga, Máximo Luján en cambio es separado de la tropa y llevado a las líneas de ferrocarril por la noche (109-118).

Si las vías férreas sostuvieron primero el relato de Luján al recordar su narrativa de partida, estas se convierten al final de su historia en el lugar donde se produce su desaparición. Las vías de hierro se convierten así en su propia tumba abierta después de que las autoridades lo asesinen, como es insinuado por los otros peones.[32] Además, es precisamente sobre estas vías que se ejerce justicia y venganza. Pues un motocarro se estrella violentamente luego de que sus vías fueran manipuladas, desmembrando los cuerpos que se consideraban responsables de la desaparición de Luján (154f.). La historia de in/movilidad de Máximo Luján llega así a completarse sobre las vías

30 "[…] muchísimos obreros […] también cayeron a lo largo de esas líneas, ignorados por todos y cuya sepultura quedó señalada por un par de palos clavados en forma de cruz […]" (Quintana 2002, 10).

31 "No culpemos tanto a los gringos, sino al gobierno." (Amaya Amador 1957, 121)

32 "¡Si lo habrán asesinado!" (Amaya Amador 1957, 124)

del tren, sobre las cuales se cristalizan las geometrías de poder de la United Fruit Company a través de la movilidad, la explotación y la muerte de sus peones centroamericanos.

Sobre La Bestia

Imagen 4: "A bordo de 'La Bestia', Chiapas."
(© Mauricio Palos; en García Bernal y Núñez Jaime 2011, 158)

72 Migrantes

El 24 de agosto de 2010, cincuenta y ocho hombres y catorce mujeres fueron encontrados asesinados en San Fernando en el departamento de Tamaulipas, ubicado en la frontera noreste con Estados Unidos y el Golfo de México. Eran setenta y dos personas que se desplazaban por México transitando en condiciones irregulares desde países como Ecuador, Honduras, Brasil y El Salvador. Liderados por el único sobreviviente identificado de la masacre – un ecuatoriano de dieciocho años llamado Freddy Lala Pomavilla – los soldados de la marina mexicana encontraron los cuerpos inanimados en el suelo de un rancho abandonado, con los ojos vendados y las manos atadas. Todos ellos habían sido ejecutados a quemarropa con la misma arma y luego colocados de forma ordenada en el interior del rancho. Según el testimonio del sobreviviente, el cual había huido de la escena del crimen con otro hombre después de haber engañado a sus perpetradores haciéndose pasar por muertos, los criminales – quienes se identificaron como Los Zetas – supuestamente mataron a esas setenta y dos personas porque se negaron a trabajar para ellos como sicarios a sueldo. Las autoridades mexicanas confirmaron más tarde que la masacre fue llevada a cabo por Los Zetas con el propósito de enviar un mensaje claro a un cartel rival, antiguos cómplices criminales, con el fin de evitar que estos últimos reclutaran sicarios entre migrantes móviles (Santamaría 2013, 69). Como los setenta y dos migrantes se negaron a trabajar para ellos, fueron inmolados (cf. Pérez-Bustillo y Hernández Mares 2016, 122-124).[33]

---

33 Los autores se basan en los datos expuestos en la página web https://masde72.periodistasdeapie.org.mx, la cual fue fundada por el colectivo de periodistas de investigación Periodistas de a Pie después de la masacre (visitada 27.06.2019). La página contiene varias versiones oficiales comunicadas al público sobre los acontecimientos que condujeron a la masacre. En la página web, el lector encontrará la versión oficial mexicana comunicada por las autoridades de la Marina el 24 de agosto de 2010, así como la comunicación de la Embajada de los Estados Unidos y difundida por el Archivo Nacional de Seguridad (NSA), así como también los resultados de una investigación de una tesis de licenciatura y, por último, el

Esta masacre en San Fernando ha llegado a constituir uno de los incidentes más dramáticos y por ende representativos de la violencia criminal que se ejerce actualmente contra los migrantes indocumentados en tránsito por México. Designado como un caso de "gubernamentalidad necrológica" (Varela Huerta 2017), dicho evento es emblemático de las jerarquías kinéticas que emergen transversalmente al tren de carga que atraviesa México hacia la frontera Norte, ejemplificando cómo el control de las personas en tránsito por el país se ha convertido actualmente en un negocio organizado por los carteles (Izcara Palacios 2012a, 41).

Una compilación de setenta y dos fotografías y setenta y dos historias, cada una escrita por un autor diferente y correspondiendo cada una a un relato verosímil de la vida y muerte de los migrantes asesinados en Tamaulipas, el libro titulado *72 Migrantes* (García Bernal y Núñez Jaime 2011) retrata también la partida y el no-arribo de seres en movimiento. En este caso, de los migrantes indocumentados centroamericanos. Dada la ausencia de una narración coherente concerniente a la historia de su in/movilidad (Guillermoprieto 2011, 17), *72 Migrantes* fue conceptualizado inicialmente en 2010 como un "altar virtual" para conmemorar la muerte y la vida de estas víctimas, el cual se publicó como libro en 2011. Cada texto de *72 Migrantes* es particular. Algunos de ellos elaboran un relato verosímil de un migrante identificado, otros dan un trasfondo ficticio a los cuerpos que aún no habían sido identificados y que más tarde lo fueron. Mientras que otros yacen aún sin nombre. Dichos relatos están complementados además por referencias frecuentes a los trenes de carga sobre los cuales los migrantes centroamericanos viajan 'clandestinamente' a través del territorio mexicano con el propósito de llegar a los Estados Unidos. Llamado coloquialmente como La Bestia, este tren aparece no solo como personaje en las narrativas, sino también en las impresiones fotográficas que acompañan los textos. Las imágenes documentan a los migrantes centroamericanos que moran temporalmente

informe elaborado por la Comisión Nacional de Derechos Humanos sobre el tema (2013).

en los vagones del tren, caminan sobre las vías férreas o viajan montados sobre La Bestia, tal como se ve en la fotografía que inaugura este capítulo. De hecho, todas las fotografías incluidas en este ensayo son retratos tomados de *72 Migrantes*.

El texto número "7" (López Collada 2011, 42f.) tiene una forma narrativa particular que merece mayor atención. La historia de partida y no-arribo se cuenta, tal como lo subraya el subtítulo, en "72 palabras" – cada una constituyendo una oración individual. Esta singular narración está dedicada a una víctima no identificada, mas dicho anonimato permite que el texto represente la historia del grupo perecido en su conjunto. El relato número 7 evoca dos veces el sistema ferroviario ("tren", "rieles"; 42), mientras que la imagen de un joven saltando entre dos vagones de La Bestia tiñe de gris la diagramación de la historia. La particular distribución espacial de las palabras marca además las pausas que definen significativamente la lectura del texto. Este dispositivo retórico es capaz de recrear la singularidad atroz del evento, pues al distribuir las últimas cuatro palabras con atención *espacial*, el sentimiento de espanto que la masacre causó tanto en México como en la comunidad internacional es invocado estéticamente. Escritas separadas entre sí con la distancia adecuada, la distribución de las palabras finales inserta fricción y por ende disminuye la velocidad de la lectura. Si se lee en voz alta, los espacios vacíos equivaldrían a momentos de silencio, ya que las cuerdas vocales dejarían de moverse y por ende no producirían sonido. La página en blanco obliga sobre todo al lector a dedicarle más tiempo y atención a las palabras individuales, centrándose en ellas una a la vez. Al atenderlas solas en un silencio compartido, el lector puede experimentar la obstrucción de movimiento y la brusquedad de la inmovilidad absoluta:

Encontrados. Ordenados. Inertes.

Espanto.

Destino.

México.

(López Collada 2011, 43)

Si bien las líneas finales condensan la historia de no-arribo, las primeras palabras del texto número "7" describen las fuerzas motrices que alinean la "Miseria" y el "Desempleo" con los primeros pasos de partida (42). El acto de caminar ("Caminata") pone en marcha la historia. Después, el migrante móvil es bloqueado ante el tren ("Inmovilidad. Tren.") para luego asumir un rápido desplazamiento al correr y saltar ("Córrele. Bríncale."). Hasta tropezar ("Tropezón") y caer ("Caída"). El primer resultado de dicha movilidad es el no-arribo al destino deseado a causa de mutilación, abandono y muerte sobre las vías del tren.

> Caída. Mutilación. Borbotones. ¡Ayúdenme! Nadie. Vias. Soledad Viento. Lento. Pulso. Luna. Grillos. Desmayo. Muerte. (42)

El segundo resultado es la masacre.

Abordado como el símbolo por excelencia del partir, del viaje y del no-arribo, La Bestia, o *el tren de la muerte*, evoca dimensiones cruciales respecto de las geometrías de poder que emergen en torno a la movilidad del migrante indocumentado. La representación literaria de dichas jerarquías kinéticas constituyen el punto focal de las siguientes páginas, las cuales llevan a cabo una detallada hermenéutica del poema inicial del *Libro centroamericano de los muertos* (Balam 2018, 21f.). Este corresponde a un poema en prosa sin título y único en la sección titulada "Sermón del migrante (bajo una ceiba)". Las primeras líneas hablan de un Dios en exilio que está "migrando sin término" sobre "*La Bestia*" (21). En este corto pero inquietante ferropaisaje, personas, bienes y movimiento se encuentran entrelazados por el caballo de hierro. El poema ilustra con imágenes simples pero crudas una dialéctica de in/movilidad determinada por las geometrías de poder, representadas además a través de una compleja narrativa poética. De tal manera, la dimensión literaria re-presenta artísticamente la realidad fáctica que caracteriza a La Bestia. Pues el ferropaisaje expresa de manera excepcional el ritual que procede de la partida constante de los migrantes centroamericanos y de su arribo imposibilitado en su paso por México.

Conocido por ser un país de tránsito, México se ha convertido en una ruta estratégica para quienes parten de Nicaragua y del Triángulo

Norte de Centroamérica (Guatemala, Honduras, El Salvador), así como de México, Sudamérica, las islas del Caribe e incluso Asia, con el propósito de entrar a los Estados Unidos de América (Casillas 2008, Izcara Palacios 2012a). A estos seres en movimiento se les llama *transmigrantes* o *migrantes en tránsito,* ya que su objetivo, tras una larga y peligrosa trayectoria a través de México, es llegar a un tercer país (Anguiano Téllez y Corona Vázquez 2009, 20). Es decir, entrar a los Estados Unidos para cumplir su "sueño americano". La Bestia es sólo uno de los varios medios de transporte utilizados por los transmigrantes para llegar a la frontera con Estados Unidos. No obstante, debido al poder imperioso que manifiestan, estos trenes de carga se han convertido en un símbolo transcendental de lo que significa la arriesgada ruta hacia el Norte. El nombre propio transmite una descripción bastante imponente, pues indica un sistema de movilidad mecanizado cuya naturaleza es primordialmente salvaje. El nombre "La Bestia" se muestra en efecto como una copia de precisión exacta respecto de la descripción del tren que aparece en *Bananos* décadas antes. Es decir, como "una bestia negra con crujidos de hierro y vapor" (Quintana 2002, 23).

Si bien Casillas ha documentado que los migrantes indocumentados centroamericanos dependen primero de los autobuses, luego de sus pies y automóviles particulares, y por último del sistema ferroviario como principal medio de transporte para cruzar la frontera (2014, 17), su trabajo pionero había documentado anteriormente cómo las rutas de los migrantes más pobres estaban ancladas a las vías férreas. Por lo que el tren tiene una importancia vital para atravesar México (2008, 165). Aunque represente una forma más rápida y barata de llegar al destino final (Corona, Montenegro y Serrano 2009, 38), las líneas del ferrocarril no significan sin embargo un tránsito más seguro. Amnistía Internacional (2010) ha en efecto descrito el viaje sobre La Bestia como uno de los más peligrosos del mundo. Miles de personas que viajan sobre ella no sólo se enfrentan a la posibilidad de caerse del tren y sufrir mutilaciones corporales o morir a causa de ello. Sino que son sobre todo el blanco de grupos criminales, sujetos a abusos, secuestros e incluso asesinatos (2010, 5).

El ferropaisaje con el que inicia el libro de Balam recrea este escenario de manera verosímil, poetizando los motivos que ponen en movimiento los cuerpos así como las desafiantes experiencias que experimentan estos mientras están en movimiento. La imposibilidad final de llegar al destino deseado, por otro lado, desarrolla el ferropaisaje literario de principio a fin. El *fps* de La Bestia se define ciertamente a partir de las versiones caleidoscópicas del no-arribo, las cuales son evocadas en varios nodos narrativos. Como se demostrará a continuación, este retrata una dialéctica de in/movilidad a través de la historia de un Dios que cae de La Bestia.

El Dios que cae

> Y Dios también estaba en exilio, migrando sin término;/ viajaba montado en *La Bestia* y no había sufrido crucifixión [...] (líneas 1f.; Balam 2018, 21).

Aunque los migrantes centroamericanos han estado transitando por México desde finales de la década de los años ochenta, es decir, desde hace por lo menos cuatro décadas, su in/movilidad ha adquirido mayor "visibilidad en las agendas de la sociedad civil, la academia y el gobierno" (Martínez, Cobo y Narváez 2015, 134), así como en la de diversas organizaciones no gubernamentales desde la primera década del siglo veintiuno. Las razones de partida han sido por lo tanto documentadas y además reconocidas como un fenómeno regional. Los migrantes indocumentados que viajan sobre La Bestia como el Dios poético han decidido dejar sus países por una serie de razones. Entre ellas las consecuencias vividas a causa de las guerras civiles en sus países de origen, la violencia de las pandillas, conflictos políticos, dificultades económicas y la inseguridad alimentaria (Rosenblum y Ball 2016). La pobreza, por ejemplo, constituye uno de los motivos principales para la partida. En "Seaworld", el primer segmento de la serie de documentales cortos intitulada "Los Invisibles" (Silver y García Bernal 2010), una hondureña explica al actor mexicano Gael García Bernal que la situación en su país es nefasta. Sentada en las vías del tren, le comparte las razones de su éxodo. La falta de oportunidades laborales, los costos diarios y la escasez de dinero para cubrir gastos básicos, como por ejemplo para la educación de sus hijos, fueron los factores que la impulsaron a seguir la ruta centroamericana hacia los Estados Unidos (Silver y García 2010).[34] No pasa desapercibido que están sentados sobre las líneas de tren, pues las vías de hierro y la realidad que la mujer expresa evocan conjuntamente su dialéctica de in/movilidad. Conversando aquí, su testimonio de estancamiento socioeconómico y su decisión de devenir móvil con el fin de cambiar esta realidad se convierten indivisibles, relato que a su

34 Ver https://www.youtube.com/watch?v=M4oP_M81YpY, min. 10:55 en adelante.

vez se haya delimitado por las silenciosas, pero dominantes vías de hierro.

El ferropaisaje de La Bestia recrea esta fusión de la in/movilidad social y espacial al representar la historia in/móvil de un Dios que cae del tren. Las múltiples representaciones de Su caída conjuran de manera ejemplar cómo la movilidad e inmovilidad socio-espacial se hallan entrelazadas por las geometrías de poder. Esto, a su vez, da forma a una retórica de circulación que se caracteriza por la violencia extrema. La historia se divide en cinco nodos narrativos. Un relato de in/movilidad se desarrolla en torno a ellos, el cual es además de naturaleza circular (*urobórica*) y se refiere verosímilmente a los movimientos reales que se acoplan a La Bestia. Sus narraciones de in/movilidad incluyen partida, mutilación e inmolación, todas cristalizadas por el viaje sobre el tren de carga. Diversos escenarios acompañan al Dios mientras cae, entretanto la caída en sí se mantiene como el hilo narrativo que entrelaza dichos relatos.

Crucifixiones

El ferropaisaje de La Bestia, tal como aquellos presentes en *Chombo* y en las novelas bananeras, tiene que ver con historias de migrantes que se hayan atrapados entre la constante partida y el arribo impedido. Estas historias son abstraídas a su vez en la figura del Dios que cae. El Dios en exilio, como es descrito en la primera línea, aparece a través del poema como una sinécdoque de los transmigrantes centroamericanos, tal como Estefanía es también un sinónimo de la peonada móvil. El personaje sagrado está vinculado a las in/movilidades que sufren los indocumentados en movimiento ya que cada uno de los nodos narrativos extiende una asociación entre las historias de la vida real y su encarnación divina. Consecuentemente, la figura sagrada se utiliza explícitamente para referirse a la masa anónima de migrantes en tránsito por México, dándole así una forma concreta en tanto seres sacrificados.

La historia comienza sobre el techo del tren en movimiento sólo para describir inmediatamente la caída, la cual puede ser descrita elocuentemente como *una caída en desgracia*.

> Y Dios también estaba en exilio, migrando sin término;/ viajaba montado en *La Bestia* y no había sufrido crucifixión/ sino mutilación de piernas, brazos, mudo y cenizo todo Él/ mientras caía en cruz desde lo alto de los cielos,/ arrojado por los malandros desde las negras nubes del tren [...] (líneas 1-5; Balam 2018, 21).

Aparece así un Dios sacrificado, el cual sin embargo no se haya crucificado sobre La Bestia. En cambio, se le representa *entretanto cae* ("mientras caía") del tren, atravesando nubes negras de humo y lo que más tarde se describirá como numerosas muertes y nuevos comienzos. Entre el momento en que el Dios en exilio monta La Bestia y el instante de Su caída no hay sin embargo ningún evento catalizador que provoque el desplome. En cambio, se representa al Dios viajando "sin término" sobre La Bestia y con un cuerpo mutilado. Aún así, se le retrata simultáneamente como ya cayendo, gracias al uso del pasado imperfecto en la frase "mientras caía". Dicha expresión implica que la acción ha empezado anteriormente en un momento impreciso pues no se especifica un comienzo puntual, razón por la cual el Dios se encuentra *ya cayendo*. El tiempo del *imperfecto* también insinúa que la caída ocurre una y otra vez, cuya recurrencia no tiene además un punto final definido. La narración principal del ferropaisaje se despliega a partir de aquí como una caída lenta y eterna, enmarcada por el cuerpo que cae y por las vías férreas que sostienen los vagones del tren. La historia in/móvil se despliega de hecho por la caída del Dios por un lado, y por los episodios narrativos que la complementan, por otro. Estos describen distintas in/movilidades que representan varias formas de victimización donde la mención de un Dios crucificado se asocia repetidamente a la caída, esbozando consecuentemente un martirio polifacético. Si bien el Dios se haya mutilado y no tiene extremidades para estirar, el primer nodo narrativo señala al cuerpo divino como cayendo en forma de cruz. La mutilación corresponde, por lo tanto, a Su primera crucifixión.

Aunque caerse de La Bestia signifique en gran medida la deformación del cuerpo al verse atrapado entre los vagones y las sólidas vías férreas, una caída también puede significar un final prematuro. No obstante, el poema no tematiza la muerte como obstrucción definitiva del Dios móvil a causa de Su caída de La Bestia. Al contrario, el desplome es representado a partir de las múltiples formas de violencia que el transmigrante experimenta a lo largo del camino, tales como el asesinato, la desaparición y la extorsión. El bloqueo de la movilidad transmigratoria se explicita en el texto al referirse primero a los violentos rituales que ocurren entre los individuos móviles clandestinos y las personas que encuentran a lo largo de su viaje. El yo-lírico atestigua esto, cuyo testimonio corresponde al segundo nodo narrativo y en el cual se describe a quién vio atacando al Dios mientras caía. A saber, al *coyote*, al policía, al militar y al *narco*:

> y vi claro cómo sus costillas eran atravesadas/ por la lanza circular de los coyotes, por la culata de los policías,/ por la bayoneta de los militares, por la lengua en extorsión/ de los narcos [...] (líneas 7-10; Balam 2018, 21).

En estos versos se retrata una dinámica común y cómplice respecto de la violencia ejercida actualmente sobre el migrante móvil. En efecto, los coyotes representan la solución para un tránsito seguro frente a la extorsión de las autoridades aduaneras, migratorias, municipales y federales mexicanas (Carrasco González 2013). A cambio de dinero, estos ofrecen un pasaje seguro por México y luego al cruzar la frontera. Se ha estipulado que el costo se ha triplicado desde la década de los noventa, costando primero menos de doscientos dólares y significando hoy en día una inversión insegura de más de tres mil dólares (Casillas 2008, 172). Este aumento se explica en parte por la corrupción de las autoridades, quienes han impuesto una cuota a los coyotes que cruzan la frontera con migrantes indocumentados, las cuales a su vez se han incrementado de mil dólares en 1997 a tres mil en 2001 (Izcara Palacios 2012a, 43f.). A veces los "falsos coyotes" se aprovechan además de los transmigrantes indocumentados extorsionándolos y pidiendo rescate a sus familias; tomando su dinero y abandonándolos en el camino; o trabajando junto al crimen organizado (54f.). El trabajo de Izcara Palacios sobre la percepción de los coyotes acerca de la política de inmigración de los Estados Unidos (2012b) revela por su parte la interesante dinámica interamericana que surge en ambos lados de la frontera, denotando de qué manera el problema no se construye solo en territorio mexicano.

Al testimoniar que las costillas del Dios son heridas por lanzas, rifles y engaños mientras Éste cae del tren, se enfatiza de manera tácita que no se trata de una caída accidental. Más bien se señala la participación de varias personas como cómplices del desplome mismo. Así, el segundo nodo narrativo del ferropaisaje retrata la caída como una ejecución coordinada por varios. Esbozado como un acto violento orquestado por múltiples agentes que se imponen sobre Su propia elección de movilidad, la caída del Dios desde La Bestia se representa aquí como una inmolación. Diversos actos de violencia realizados por una cadena de agentes – coyotes, autoridades locales y militares, crimen organizado – se materializan en las armas que utilizan para inmolar el cuerpo, cada una de ellas representativa de su parte en el ataque. Lanzas redondas proyectan deslealtad como metáfora de las personalidades tramposas del coyote; partes inferiores de pistolas y bayonetas representan el poder de la ley, mientras que engañosas lenguas criminales apuntan conjunta y poéticamente a la compleja participación de todos estos en la obstrucción de Su movilidad. Principalmente porque una caída hacia abajo significa la interrupción del avance hacia adelante. La violencia de estos personajes evoca de tal manera la segunda crucifixión del Dios en caída, la cual se representa como un *ritual.* En lugar de simbolizar una ceremonia que venera al propio Dios en toda Su vulnerabilidad, este ritual retrata más bien un culto macabro que conspira contra el Mismo precisamente por Su indefensión. El yo-lírico es así testigo de las jerarquías kinéticas inherentes a La Bestia, las cuales son articuladas a partir de la complicidad de diversas fuerzas gubernamentales, civiles y criminales.

Inspirado por la visión del empuje organizado, el yo-lírico se transporta a continuación hacia el pasado. En este movimiento temporal se despliega un tercer nodo literario en forma de *remembranza*, el cual, similar al episodio de Luján en *Prisión Verde*, introduce a su vez una narrativa de partida. Atestiguando el dolor del Dios cayente, el yo-lírico recuerda cuándo Éste estaba en Centroamérica y solía predicar a las masas. Luego cita Su sermón dominical mediante el cual instaba a las masas a dejar a su familia, abandonar las maras, la violencia, el hambre y la miseria y seguirlo a los Estados Unidos. Los factores reales que empujan a los transmigrantes a emprender el viaje hacia el norte desde "la esquina rota del mundo" (línea 13; Balam 2018, 21) y hacia el "sueño americano" (como el testimonio de la mujer hondureña mencionado anteriormente) constituyen así el contenido poético del sermón. De ahí el título de la sección, "Sermón del migrante". De manera tal que el mundo factual y el poético que acompañan a La Bestia devienen uno y el mismo en este ferropaisaje, donde la incorporación de fuerzas motrices que reflejan historias reales de partida añade un significado político, económico y social a la historia del Dios in/móvil.

Las palabras del Dios funcionan precisamente como un hilo conductor que guía el paso de los migrantes desde el punto de partida hasta el destino deseado.

> "El que quiera seguirme a Estados Unidos,/ que deje a su familia y abandone las maras, la violencia,/ el hambre, la miseria, que olvide a los infames/ caciques y oligarcas de Centroamérica, y sígame [...]" (líneas 17-20; Balam 2018, 21).

Este relato de emigración imita con un trasfondo paródico la renuncia religiosa de la vida anterior a cambio de la promesa de un futuro mejor en un lugar y tiempo distantes. La ruta emprendida por el santo Migrante se convierte por lo tanto en una metáfora de un camino espiritual, por una parte, y es representativo del sacrificio personal necesario para poder ascender socialmente, por otra. Porque el sacrificio no significa otra cosa que renunciar a algo que es valioso para uno mismo con el fin de ayudar a otros, de la misma manera que la mujer hondureña decide dejar a su familia para proveer por sus hijos desde lejos. Estefanía, así como la mayoría de los peones adultos de "Niños", se llevan en cambio a sus hijos consigo, igual que la madre de Nenén en *Chombo*, quien camina por las líneas de ferrocarril con su hija y la bebé huérfana hasta encontrarse con su desafortunada muerte. Sin embargo, al acoplar el sermón del Migrante a Su imagen mientras cae – ya mutilado e inmolado – el destino que el Dios había prometido de antemano en su sermón se expone ahora como un final ilusorio. A pesar de que el Migrante incentive a sus seguidores a devenir móviles y a desplazarse físicamente para superar los obstáculos socioeconómicos que los subyuga y por ende poder mejorar su posición socioeconómica, el viaje del Dios se ve obstruido por tercera vez.

Este cuarto nodo narrativo nombra el primer lugar de inmovilidad palpable en el ferropaisaje, el cual aparece aquí también como *fosas comunes*. Luego de rememorar el sermón, el Dios es representado una vez más *mientras cae*. Esta vez, sin embargo, el episodio avanza hacia adelante en el tiempo pues mientras se describe la caída se delinea simultáneamente el momento *después* del inminente colapso. El nodo narrativo asocia así la caída misma con el entierro, hecho explícito con la mención de las "fosas comunes" (línea 23; Balam 2018, 21) cuando el yo-lírico refiere que el Dios crucificado yace en ellas junto a cientos de migrantes anónimos que son asesinados cada año en México. Dichos cuerpos también emergen paralelo a las vías férreas, tal como los trabajadores del Canal de *Chombo* y el proletariado bananero.

> [Y] aún mientras caía, antes de las mutilaciones,/ antes de que lo llevaran al forense hecho pedazos/ para ser enterrado en una fosa común como a cualquier otro/ centroamericano, como a los cientos de migrantes/ que cada año mueren asesinados en México [...] (líneas 21-25; Balam 2018, 21).

La dialéctica de in/movilidad propia a La Bestia se articula en dicho episodio con el asesinato de cuerpos en movimiento cuyos restos son colocados inmóviles en fosas comunes. Aquí se destaca cómo dichas fosas representan la muerte en tanto sitio por excelencia de permanencia absoluta, la cual complementa dialécticamente el recorrido móvil de La Bestia. Por lo que el último rito unido a la caída del Dios no constituye un servicio conmemorativo, sino más bien un entierro ausente y no anunciado. Es decir, un réquiem sacrílego, ya que no se ha colocado aquí ninguna cruz para conmemorar estas vidas, como se hizo para Estefanía o para la tribulación infernal de *Bananos*. Más bien, los cuerpos mutilados son profanados mediante el silencioso e invisible entierro. La taciturnidad de las fosas comunes implica la desaparición de los cuerpos en movimiento y el consecuente desconocimiento de su paradero inmóvil. Es por esto por lo que la tercera crucifixión existe aquí en tanto sinónimo de *desaparición* y revela las dinámicas interamericanas que Pérez-Bustillo y Hernández Mares (2016) han señalado:

> los "secuestros" deberían en realidad ser caracterizados como "desapariciones forzadas" en la medida que son atribuibles a las acciones u omisiones por parte del estado civil mexicano, las autoridades militares y policiales en todos los niveles gubernamentales (local, estatal, federal), y al impacto de las imperativas (y ayudas) políticas de los Estados Unidos, las cuales pretenden obligar a México a contener y reprimir los flujos de trabajadores indocumentados hacia la frontera con los Estados Unidos." (122)

Detención y Deportación

La mutilación y el asesinato se presentan opuestos al sacrificio y la esperanza como fuerzas que obstruyen la movilidad social y espacial, determinando así una historia de in/movilidad donde la partida es definida por su contraparte. Es decir, por el no-arribo. Esto ocurre como consecuencia de la movilidad obstruida, ya sea porque caerse de La Bestia puede significar el desmembramiento corporal que impediría a las personas seguir su viaje, tal como el Dios cayente que en los primeros versos del poema es representado sin brazos ni piernas. O porque un asesinato ritualizado dificulta la posibilidad de superar el viaje y por lo tanto de llegar al destino final. Mientras que el último rito unido a la caída del Dios profana Su viaje al condenarlo al anonimato, representando un movimiento masivo hacia la desaparición. Cada una de estas crucifixiones adquiere además un valor significativo a causa de la remembranza del sermón del Migrante, el cual incita a sus seguidores a partir, preparando el escenario para la caída. Todas estas narrativas in/móviles están escenificadas a su vez en torno a La Bestia de hierro.

El poema, en efecto, alude una y otra vez al sistema ferroviario como el sitio de crucifixión. Algo que comparte con *Chombo* y con las novelas bananeras. Después del entierro sacrílego, el tren se describe como un carruaje moderno de cuadrigas de acero que avanza con ímpetu por caminos laberínticos y sobre los oxidados caballos de hierro que yacen paralelos los unos a los otros. Estos esperan pacientemente el cuerpo divino que flota gentil e inevitablemente hacia su mutilación profana primero, y al sepelio anónimo luego. En dicho proceder, su cuerpo y sangre divina tiñen la tierra a manera de ritual. Esto se complementa ingeniosamente con la reiteración de la figura del Dios cayendo con sus brazos y cuerpo extendidos como una cruz, lo cual corresponde al *leitmotiv* del poema:

> mientras caía con los brazos y las piernas en forma de cruz/, antes de llegar al suelo, a las vías, antes de cortar Su carne/ las cuadrigas de acero y los caballos de óxido de *La Bestia,*/ antes de que Su bendita sangre tiñiera las varias coronas de espinas/ que ruedan sobre los rieles clavados con huesos [...] (líneas 26-30; Balam 2018, 21).

La caída como ejemplo de in/movilidad, distinguida por mutilación, asesinato y desaparición, se completa más adelante con menciones de *detención* y *deportación.* Estas obstrucciones de movilidad son inscritas en las últimas líneas del poema como ejemplos concretos de los temores que desconciertan a los seguidores del Dios migrante. En este episodio narrativo ya no es el yo-lírico quien recuerda al Dios antes de partir. Más bien es el Dios mismo quien recuerda una conversación que tuvo con Francisco Morazán bajo una ceiba – tal como el subtítulo de la sección lo describe.[35] El éxodo humano que fluye desde Centroamérica hacia el Norte como una multitud de personas anónimas y sin rostros recibe aquí otro nombre y forma concreta con la figura histórica de Morazán, quien lideró la República Federal de Centroamérica en la primera mitad del siglo diecinueve. Su presencia como discípulo del Dios migrante no es en absoluto gratuita, pues su simbolismo se sitúa en el texto como defensor de la unidad centroamericana (cf. Bardales 1983). Al mismo tiempo, sin embargo, la trascendencia histórica de Morazán se ve neutralizada por la caída del Dios, la cual representa ultimadamente la promesa incumplida del arribo al destino final. El diálogo entre Morazán y el Dios evidencia

35 "[...] y recordó que Morazán le preguntó una vez,/ mientras yacían bajo la sombra de una ceiba [...]" (líneas 34f.; Balam 2018, 22).

cómo la movilidad e inmovilidad están integradas de manera intrínseca a las geometrías de poder que componen la retórica de circulación de esta Bestia, tanto poética como real.

> "Maestro, ¿qué debemos de hacer si nos detienen/ y nos deportan?" (líneas 37f.; Balam 2018, 22)

Morazán preguntó en nombre de todos.

La detención tal como es nombrada por Morazán en estas líneas se relaciona aquí con la obstaculización del paso que impide a los migrantes arribar al destino deseado. Obstrucción impuesta por terceros poderosos como el Departamento de Seguridad Nacional de los Estados Unidos (DHS por su nombre en inglés, *Department of Homeland Security*), el cual fue fundado en el 2003 y comprende autoridades migratorias como el Servicio de Aduanas y Protección de Fronteras (*Customs and Border Protection*, CBP), el Servicio de Ciudadanía e Inmigración de los Estados Unidos (*U.S. Citizenship and Immigration Services*, USCIS) y la Agencia de Inmigración y Aduanas (*Immigration and Customs Enforcement Agency*, ICE; cf. Izcara Palacios 2012b, Gavett 2011).[36] Es a estas autoridades a las que los inmigrantes indocumentados representados por Morazán buscan pasar desapercibidos para así evitar ser retenidos. Especialmente porque estas autoridades son las que se encargan de deportar a los migrantes a su lugar de origen.

La política migratoria "Tolerancia Cero" implementada en mayo de 2018 por el DHS y el Departamento de Justicia norteamericano bajo el recién elegido presidente Trump, representa el más reciente y agresivo intento por parte del gobierno de los Estados Unidos de obstaculizar la inmigración ilegal en la frontera de México con los Estados Unidos. El propósito era procesar a aquellos que cruzaban la frontera sin autorización legal, acusándolos así de "delitos de entrada o reingreso ilegal". Esto conllevó a que niños migrantes fueran separados de sus padres al ingresar a los Estados Unidos, colocando a éstos en centros de detención mientras esperaban sus audiencias legales y a sus hijos en cambio en albergues (Pierce, Bolter y Selee 2018, 5).

36 Visite https://www.cbp.gov y https://www.uscis.gov.

A pesar de que dicha ley fuera revocada el 26 de junio, teniendo por lo tanto una implementación breve, más de cinco mil niños fueron separados de sus padres durante este tiempo (Aguilera 2019), los cuales en cambio fueron *detenidos*.

La política de Tolerancia Cero es un hito particular en lo que respecta a la criminalización de la inmigración ilegal en los Estados Unidos. No obstante, fue después del 11 de septiembre de 2001 y bajo la administración de Bush que los esfuerzos para aumentar la seguridad fronteriza se cristalizaron por primera vez con la consolidación de centros privatizados de detención migratoria. En 2005 se firmó un acuerdo entre el ICE y la Corporación Correccional de América (*Corrections Corporation of America*, CCA) para "asegurar las fronteras de los Estados Unidos y reducir la inmigración ilegal", para lo cual el CCA aceptó gestionar hasta seiscientos detenidos en un centro correccional ubicado en Taylor, Texas (CCA 2005).[37] Los esfuerzos del gobierno de Estados Unidos para contener los flujos de inmigración ya no se concentran únicamente en la frontera, sino que se han expandido desde entonces hacia el interior del país, donde la detención de inmigrantes se ha convertido en el sistema de encarcelamiento con mayor crecimiento (Gavett 2011). Las tasas de detención de inmigrantes en el interior del país alcanzaron su punto más alto en 2008 y 2009 (Moinester 2018, 1148), mientras que en 2011 el DHS deportó a más de 390 000 inmigrantes documentados e indocumentados de los Estados Unidos, algunos de los cuales tenían al menos un hijo ciudadano estadounidense (Brabeck, Lykes y Hunter 2014, 497). Actualmente el ICE planea "utilizar los datos de los niños migrantes para ampliar los esfuerzos de deportación" (Miroff 2019). Mientras que a pesar de la declaración de la pandemia global a principios del 2020 a causa de COVID-19, miles de migrantes seguían siendo deportados en abril de 2020. Algunos incluso viajaban a pesar de estar contagiados con el virus (Dickerson and Semple 2020). En mayo de 2020 se

37 La CCA representa el mayor proveedor de servicios de gestión de correcciones y detenciones del país para las agencias gubernamentales. Véase el comunicado de prensa de la CCA en su sitio web: http://www.correctionscorp.com/press-releases/cca-announces-agreement-with-immigration-and-customs-enforcement-for-cca-texas-facility.

estipuló que por lo menos mil niños migrantes no acompañados han sido devueltos forzosamente desde los Estados Unidos hacia México, Guatemala, Honduras y El Salvador (UNICEF 2020).

Ante tales ejecuciones legales, la *deportación* se convierte entonces en una nueva condición de movilidad. Esta vez, sin embargo, en la dirección opuesta y hacia el punto de partida. La detención va de la mano con la expulsión, tal como Morazán se lo expresa a su Dios. Porque incluso si el transmigrante llega a entrar a la tierra prometida, esto no significa que haya alcanzado su "sueño americano", ya que el retorno siempre puede ser impuesto por las autoridades. Por lo que, cuando Morazán le pregunta qué hacer después de ser deportado, el Dios caído aconseja a su discípulo que sacuda el polvo de sus pies y migre une vez más.

> "Maestro, ¿qué debemos de hacer si nos detienen/ y nos deportan?", a lo que Él respondió: "Deben migrar setenta/ veces siete, y si ellos le piden los dólares y los vuelven a deportar,/ denles todo, la capa, la mochila, la botella de agua, los zapatos,/ y sacudan el polvo de sus pies, y vuelvan a migrar nuevamente/ de Centroamérica y México, sin voltear a ver más nunca, atrás…" (líneas 37-42; Balam 2018, 22).

Cabe destacar además que el texto revela *la extorsión* como el umbral de la deportación, el cual corresponde a la cuarta crucifixión. Se nombra así a un "ellos" anónimo – mas sin embargo concreto – que "toman sus dólares". Sin especificar de qué lado de la frontera se encuentran dichas personas, se insinúa que existen en ambos lados. Si bien se teme la detención por parte de las autoridades migratorias de los Estados Unidos, las autoridades ubicadas del otro lado de la frontera también se evitan, ya que extorsionan de forma corrupta a la persona móvil.

No es inusual que los funcionarios mexicanos, junto con otros individuos o colectivos delincuentes, abusen de su posición de poder y les exijan pagos a los migrantes indocumentados antes de permitirles continuar su viaje (véase Casillas 2008; Amnesty International 2010; Izcara Palacios 2012a; Carrasco González 2013). Por eso el Dios caído le aconseja a Morazán que les dé todo: su ropa, su bolsa, la cantimplora, los zapatos. Su respuesta transmite una estrategia de supervivencia que le comparte con la esperanza de que ésta les conceda permiso para continuar su viaje. Ojalá hacia adelante, o al menos hacia atrás, pero sobre todo *para persistir en movimiento*. Permanecer móvil corresponde de hecho al segundo lugar de permanencia palpable en el *fps* de La Bestia. Este se despliega, no obstante, como una forma macabra de *morar-en-desplazamiento*. Su razón de ser no es otra que la promesa de llegar al destino deseado, la cual se ve constantemente obstaculizada por mutilación, asesinato, detención y deportación.

In/Movilidad Urobórica.

Al retratar las fuerzas motrices alineadas a la representación del Dios mientras cae, la partida y el no-arribo se entrelazan así en una narrativa de in/movilidad dialéctica. La naturaleza de esta historia móvil es además circular, ya que un movimiento de regreso, i.e. deportación, es resuelto por parte del Dios caído con la incitación a iniciar de nuevo el viaje. Como lo expresan las últimas líneas del poema: *debes emigrar setenta veces siete, sacudir el polvo de tus pies y partir de nuevo sin mirar atrás, nunca más*. Esta retórica de circulación retrata una historia interminable de in/movilidad urobórica, particularidad que además está muy en sintonía con el hecho de que los transmigrantes realmente "se arriesgarán a hacer el viaje varias veces para conseguir su objetivo" (Amnesty International 2010, 5). De manera tal que las líneas finales del poema aluden de forma elocuente a una experiencia circular de im/movilidad, ya que el punto final se convierte de nuevo en el punto de partida.

La reiteración de las palabras "mientras caía" en momentos estratégicos del texto desarrolla nuevos escenarios que se dan en paralelo a la caída, proyectando cada vez in/movilidades diversas. Primero, por lo que parece ser una caída accidental, luego como un empujón orquestado por varios, después como una desaparición, y por último, como detención, deportación y nueva partida. Cada vez que el Dios cayente es representado en un nuevo estado de in/movilidad, la caída es recreada *ab origine*. Asimismo, debido a la conjugación del verbo en pretérito imperfecto ("caía"), la historia del Dios se percibe como nunca concluida, transmitiendo la imagen de una caída en espiral descendiente que abarca cada una de las in/movilidades mencionadas. Por último, como la caída del Dios no tiene principio ni fin, toma lugar *in illo absente*. Ocurriendo dentro de un pasado inconcluso que sucede una y otra vez, la caída cristaliza un ritual, una repetición religiosa (*sin término, sin fin*) de traición y explotación de los más vulnerables mientras están en movimiento.

A través de dichos elementos poético-retóricos el poema logra un desarrollo complejo de la historia in/móvil al entrelazar el pasado, el presente y el futuro sin límites temporales claros. Los marcos narrativos sitúan de manera ubicua el *después* del colapso inminente – como el entierro sacrílego, la deportación y la nueva partida – junto con extractos del *pasado*, como la remembranza del sermón del Migrante y el diálogo con Morazán bajo una ceiba. El resultado es la representación de una retórica de circulación en forma de martirio interminable. Abstraído en las figuras de la cruz, del Dios que cae y la cadena de cómplices, este ferropaisaje refleja poéticamente la manera en que las geometrías de poder intrínsecas a La Bestia se construyen y se entrelazan las unas con las otras a través de la in/movilidad socio-espacial de aquellos seres móviles que la montan.

Frente a la *caída en desgracia* del Dios, el viaje se convierte esencialmente en una historia de no-arribo y la caída representa por lo tanto el viaje en sí. Las fosas comunes y la esperanza dilucidan de forma complementaria la dialéctica de in/movilidad propia al ferropaisaje literario. Conceden un marco literario donde las motivaciones, rutas, experiencias y el ambiguo destino final de los transmigrantes indocumentados se construyen específicamente alrededor del tren de carga, pero principalmente como parte de una dialéctica de in/movilidad determinada por geometrías de poder y jerarquías kinéticas en territorio mexicano y en conjunción con los Estados Unidos. Dicha dialéctica re-presenta por ende una lúgubre realidad factual que se basa en una economía inhumana interamericana. Es decir, en el capital humano de las Américas. En el despliegue del ferropaisaje del Dios cayente, la distinción entre personas y bienes materiales se difumina hasta convertirse en una misma cosa. El texto habla de manera implícita de mercancía *inanimada*, dado que La Bestia es ante todo un tren de mercancías. Pero por otro lado, el *fps* destaca sin embargo que los bienes más propicios que transporta La Bestia son *los seres humanos* – representados aquí en forma divina, ejecutada cuatro veces. En otras palabras, los indocumentados centroamericanos que se desplazan sobre La Bestia como el Dios que cae del tren se han convertido, ellos mismos, en mercancía.

El lado oscuro de la migración

El ferropaisaje articula de manera ilustrativa jerarquías kinéticas donde las complejas relaciones entre cuerpos en tránsito y el control sobre esos cuerpos móviles determinan la restricción e impedimento de la movilidad socio-espacial para algunos, mientras que para otros, dicho control significa enriquecimiento criminal. Efectivamente, el texto condena poéticamente los secuestros masivos de migrantes indocumentados a manos del crimen organizado, lo cual se ha convertido desde 2007 en un asunto problemático en lo que respecta a las violaciones de los derechos humanos en México. La Comisión Nacional de Derechos Humanos de México presentó un informe sobre la situación en 2009, señalando que los secuestros más graves ocurrieron en los estados atravesados por las líneas de tren de carga, sin dejar pasar por alto que la mayoría de estos actos quedan impunes (Amnesty International 2010). La mención de fosas comunes como el lugar de arribo del Dios caído y de los miles de migrantes anónimos asesinados indican esta realidad de manera explícita. Pues en su tránsito desde los departamentos del sur de Chiapas, pasando por Oaxaca, luego Jalisco y finalmente por Sonora hacia la frontera con Estados Unidos, los transmigrantes indocumentados se han convertido en 'objeto de caza'. Desde el punto de vista económico, sus cuerpos se han transformado en capital intercambiable – o en el peor de los casos – en capital desechable para las bandas criminales. El caso de la masacre de San Fernando lo ejemplifica, cristalizado en la edición virtual e impresa de *72 Migrantes*.

Al observar las rutas, movimientos, dinámicas de agrupación y de desplazamiento de los migrantes, el crimen organizado ha podido detectar la vulnerabilidad de estos para así crear beneficio propio a través de un sistema delictivo que se alimenta de las prácticas de movilidad clandestina (Casillas 2014, Izcara Palacios 2012a). Esto se ha desarrollado consistentemente en una red de criminalidad bastante sofisticada que involucra a muchos operadores, agentes y víctimas – tal como el ferropaisaje lo evoca con la segunda crucifixión. Así lo afirma el Relator Especial de las Naciones Unidas, el Dr. Jorge Bustamante, para quien "la migración transnacional sigue siendo un negocio en México, operado en gran medida por redes de pandillas transnacionales involucrados en el tráfico y trata de personas y drogas, con la colaboración de las autoridades locales, municipales, estatales y federales" (citado en Amnesty International 2010, 12). Amnistía Internacional corrobora esta afirmación y exige al gobierno mexicano que implemente un control adecuado para revertir la situación. La Comisión Interamericana de Derechos Humanos (2010) ha denunciado asimismo el secuestro sistemático y el tráfico de transmigrantes indocumentados, concluyendo que la tasa tan alta de secuestros masivos es posible fundamentalmente por la complicidad de las autoridades y por una política migratoria restrictiva que cierra los ojos ante las violaciones de los derechos humanos (Palacios 2011, 25). Como lo han afirmado Pérez Bustillo y Hernández Mares (2016), "México es uno de los principales ejemplos en Latinoamérica que da cuenta de los efectos devastantes de las políticas de los Estados Unidos con respecto a la migración, el libre comercio y la llamada 'guerra a las drogas'" (118). Dichas instituciones no gubernamentales han así dado cuenta de cómo la corrupción de una compleja cadena de actores mediante soborno, chantaje o amenaza ha hecho posible que diversos grupos de delincuentes trafiquen y extorsionen a los inmigrantes indocumentados con el apoyo de las autoridades, ejerciendo poder sobre su movilidad (Casillas 2014). Como consecuencia, el ingreso de migrantes indocumentados a los Estados Unidos con la ayuda de coyotes ha sido gradualmente asumido por diversas organizaciones criminales que se han dedicado en cambio al *tráfico* de seres humanos (cf. Núñez Palacios y Carrasco González 2005, Izcara Palacios 2012a). Estas organizaciones han ampliado su alcance delincuente al violar los derechos humanos de las personas móviles, consolidando lo que Rodolfo Casillas ha denominado "el lado oscuro de la migración globalizada" (2011). La inmolación y el sepelio anónimo del Dios cayente poetizan este lado oscuro de la migración de manera ejemplar.

Hoy en día han surgido a través de México una serie de rutas mixtas y alternativas que no necesariamente siguen las líneas ferroviarias, si bien éstas siguen siendo importantes para el viaje (Martínez, Cobo y Narváez 2015). Las antiguas rutas han sido modificadas creativamente como respuesta estratégica para sobrevivir a los riesgos que el viaje hacia el Norte ha llegado a suponer (Casillas 2008). Tal como se ha discutido, el *fps* de La Bestia convoca una imaginación histórica que corresponde en realidad a una problemática contemporánea muy presente. En su dimensión literaria, el *fps* ancla la representación del capital material y humano en una compleja narrativa atemporal en la que el control de la in/movilidad humana constituye una inversión positiva para algunos, mientras que para los más desafortunados de los que moran-en-desplazamiento ésta se convierte una realidad desventajosa. A modo de sinécdoque divina, la caída del Dios desde La Bestia revela también cómo, a causa de una industria clandestina formal e informal que ha surgido como daño colateral al intento gubernamental de los Estados Unidos de regular la inmigración clandestina en la frontera (Leite y Ramos 2009), los transmigrantes centroamericanos se han convertido inevitablemente en víctimas. Una hermenéutica del *fps* de La Bestia deja entrever porqué se representa al Dios exiliado cayendo del tren hacia Su muerte, dado que estas agresiones se producen en una tierra *impía* que se extiende paralelamente a las vías del tren a lo largo de cientos de kilómetros.

Coda

Imagen 5: "Cruces en recuerdo de los migrantes muertos, Nogales, Sonora." (© Toni Arnau/ RUIDO foto/ Elfaro.net; en García Bernal y Núñez Jaime 2011, 127)

A lo largo de estas páginas se han explorado los relatos in/móviles de *Chombo*, de las novelas bananeras y de La Bestia en relación con sus trasfondos fácticos específicos. Si bien las piezas literarias describen ferropaisajes divergentes según imaginarios geopolíticos particulares, cada narración retrata no obstante cómo la movilidad física se correlaciona inversamente con la movilidad social. Por lo que una hermenéutica de los ferropaisajes literarios relativos al Canal de Panamá, los enclaves bananeros de Centroamérica y la caravana humana que atraviesa México destaca la dialéctica de in/movilidad como fenómeno literario interamericano. Por muy divergentes que sean las representaciones de los ferropaisajes en las piezas literarias, sus personajes comparten un elemento común. El de *(no) estar en movimiento*. Esto nos permite así percibir las Américas como un espacio de entrelazamientos constituido a partir de prácticas diferenciadas de movilidad y mediante las economías transnacionales que las han propulsado. Como resultado, diversas historias sociales de las Américas, a pesar de ser percibidas como fragmentadas y aisladas, se hallan por el contrario entrelazadas por un marco de movilidad más amplio, urdido mediante el mundo ferroviario.

Por consiguiente, los ferropaisajes se muestran como un tropo geográfico socialmente dinámico que revela los entrelazamientos de las Américas a partir de las intertextualidades literarias que retratan patrones de explotación económica y de irregularidad política a través del tiempo y el espacio. Por una parte, los ferropaisajes de *Chombo* muestran una movilidad transareal que a su vez desarrolla una perspectiva diaspórica relativa a las consecuencias sociales vividas en Panamá durante el siglo veinte a causa de las empresas estadounidenses en dicho país. Este punto de vista se complementa, por otra parte, con la postura antiimperialista propia al género de la novela bananera, la cual critica la presencia de la United Fruit Company en la región. Tanto los *fps* presentes en *Chombo* como en las novelas bananeras comparten notables paralelismos. En ambos se reflejan la dialéctica de in/movilidad socio-espacial provocada por las economías de enclave instauradas por los Estados Unidos en Centroamérica, para las cuales el sistema ferroviario era fundamental. No obstante, el texto de Cubena reproduce por su parte temas sociales, políticos, étnicos y culturales desde una perspectiva espacial y etnonacional que cuestiona la marginación de los descendientes de afroantillanos nacidos en Panamá. Mientras que la representación de la peonada móvil en las novelas bananeras redefinió las identidades nacionales centroamericanas desde la perspectiva de la clase obrera mestiza y del proletariado rural (Grinberg Pla y Mackenbach 2006). El retrato de La Bestia, en cambio, se refiere a movimientos migratorios contemporáneos atravesando Centroamérica y México hacia el Norte. Refleja, no obstante, una dialéctica de in/movilidad similar, pues retrata la partida, el desplazamiento y el no-arribo de la caravana humana en correlación estrecha con la pobreza y los sueños frustrados de quienes se desplazan para ascender socialmente. Es importante recalcar, sin embargo, que viajar montados sobre La Bestia es un rito de tránsito único a dicha dialéctica de in/movilidad.

Si bien el acercamiento a la subestructura de significado sociohistórico de los *fps* ha demostrado que las tramas individuales aquí indagadas se refieren a imaginaciones históricas particulares y a diferentes tipos de economías, los ferropaisajes retratan no obstante por igual cómo las geometrías de poder presentes en las narrativas sobre el Canal de Panamá, las repúblicas bananeras y La Bestia dependen todas del capital humano móvil para su éxito capitalista. Por lo que al trazar el mundo ferroviario de dichas narrativas, sus imaginaciones históricas crean conjuntamente un retrato caleidoscópico de las Américas cuyos puntos de intersección son la desigualdad socioeconómica, el desplazamiento físico con miras a la movilidad social y las economías inhumanas de las Américas, indisociables del sistema ferroviario. Como resultado, la intertextualidad de la representación literaria de la tríada tren-gente-dinero y de la dialéctica de in/movilidad socio-espacial delinea a grandes rasgos patrones de kinéticas sociales cuyas imaginaciones históricas se superponen las unas a las otras, dando forma a las Américas como un espacio de entrelazamientos políticos, sociales, económicos e históricos.

En conclusión, este estudio se ha esmerado en demostrar de qué manera los ferropaisajes literarios plasman una jerarquía kinética donde los seres móviles representan el fundamento de las economías transnacionales de las Américas y, simultáneamente, las víctimas de estas. Ya sea con el tren de las cinco que lleva los cadáveres del hospital de Ancón a las fosas comunes, con las cruces que señalan las sepulturas de la peonada móvil a lo largo de las líneas del ferrocarril o con las fosas comunes donde descansa el Dios mutilado después de caer de La Bestia, los ferropaisajes despliegan, en efecto, el lado oscuro de la migración interamericana. Tres metáforas in/móviles retratan estas geometrías de poder: el *afro-exilio*, la *moribunda caravana humana* y *La Bestia*. Ponerlas en relación las unas con las otras como se ha hecho aquí muestra los procesos históricos y socioeconómicos de las Américas no sólo como codependientes de prácticas de movilidad, sino que además pone de relieve el hecho de que estos procesos se extienden tanto de manera transareal como transhistórica a lo largo de las líneas de hierro. Narrativas de in/movilidad, de morar-en-desplazamiento y de cautiverio en y a lo largo de las vías férreas plasman así a los desterrados de la modernidad en su *in-glorioso* viaje a través de las Américas.

Obras citadas

Literatura primaria

Amaya Amador, Ramón. 1957 (1950). *Prisión Verde*. Buenos Aires: Agepe.

Asturias, Miguel. 1950. *Viento fuerte*. Buenos Aires: Editorial Losada.

_____. 1954. *El papa verde*. Buenos Aires: Editorial Losada.

_____. 1960. *Los ojos de los enterrados*. Buenos Aires: Editorial Losada.

Balam, Rodrigo. 2018. *Libro centroamericano de los Muertos*. México: Fondo de Cultura Económica.

Cooper, Afua. 1992. *Memories Have Tongues*. Toronto: Black Women and Women of Colour Press.

Fallas, Carlos Luis. 1941. *Mamita Yunai*. San José: Soley y Valverde.

Lyra, Carmen. 2011 (1931). "Bananos y hombres." En *Narrativa de Carmen Lyra. Relatos escogidos*, editado por Marianela Camacho Alfaro, 119-137. San José: Editorial Costa Rica.

Quintana, Emilio. 2002 (1942). *Bananos. La vida de los peones en la yunai.* Managua: Ediciones Distribuidora Cultural.

Wilson, Carlos Guillermo (Cubena). 1981. *Chombo*. Miami: Ortex.

Literatura secundaria

Adey, Peter, David Bissell, Kevin Hannam, and Mimi Sheller. 2014. "Introduction." En *The Routledge Handbook of Mobilities*, ed. Peter Adey, David Bissell, Kevin Hannam, and Mimi Sheller, 1-20. London/New York: Routledge.

Aguiar, Marian. 2008. "Making Modernity: Inside the Technological Space of the Railway." *Cultural Critique*, no. 68: 66-85.

Aguilera, Jasmine. 2019. "Here's What to Know About the Status of Family Separation at the U.S. Border, Which Isn't Nearly Over." *Time*

Magazine versión en línea, 21 de setiembre. Recuperado de https://time.com/5678313/trump-administration-family-separation-lawsuits/.

Amnesty International. 2010. *Invisible Victims. Migrants on the Move in Mexico*. London: Amnesty International Publications.

Anderson, Benedict. 1996. *Imagined Communities. Reflections on the Origin and Spread of Nationalism*. London/New York: Verso.

Anguiano Téllez, María Eugenia y Rodolfo Corona Vázquez, eds. *Flujos migratorios en la frontera Guatemala-México*. 2009. México D.F.: Instituto Nacional de Migración, Centro de Estudios Migratorios, El Colegio de la Frontera, DGE Ediciones.

Aristóteles. 1965. *The Poetics*. Traducido por W. Hamilton Fyfe. London: Heinemann. Recuperado de http://www.perseus.tufts.edu/hopper/text?doc=Perseus:abo:tlg,0086,034:1457b:6&lang=original.

Bardales, Rafael. 1983. *Morazán, defensor de la unión de Centroamérica*. Tegucigalpa: Editorial Universitaria.

Bauman, Zygmunt. 1990. *Modernity and Ambivalence*. Cambridge: Polity.

Bissell, David. 2009. "Moving with Others: The Sociality of the Railway Journey." En *The Cultures of Alternative Mobilities: Routes Less Travelled*, editado por Philipp Vanini, 55-70. Farnham: Ashgate.

_____, y Fuller, Gillian. 2009. "The Revenge of the Still." *M/C Journal. A Journal on Media and Culture* 12, no. 1. Recuperado de http://journal.media-culture.org.au/index.php/mcjournal/article/view/136%3E/0.

Bitter, Willhelm. 1921. *Die wirtschaftliche Eroberung Mittelamerikas durch den Bananen-Trust Organisation und imperialistische Bedeutung der United Fruit Company*. Darmstadt: Wissenschaftliche Buchgesellschaft.

Blumenberg, Hans. 2010. *Paradigms for a Metaphorology*. Traducido por Robert Savage. Cornell: Cornell University Press.

Brabeck, Kalina M., M. Brynton Lykes y Christina Hunter. 2014. "The Psychosocial Impact of Detention and Deportation on U.S. Migrant Children and Families." *American Journal of Orthopsychiatry* 84, no. 5: 496-505.

Bryson, Norman. 2003. "Cultural Studies and Dance History." En *Meaning in Motion: New Cultural Studies of Dance*, editado por Jane Desmond, 55-77. Durham: Duke University Press.

Bryce-Laporte, Roy Simon. 1962. *Social Relations and Cultural Persistence (or change) among Jamaicans in a rural area of Costa Rica*. Disertación doctoral. Universidad de San Juan, Puerto Rico.

Bryce-Laporte, Roy Simon y Trevor Purcell. 1982. "A Lesser Known Chapter of the Diaspora: West Indians in Costa Rica, Central America." En *Global Dimensions of the African Diaspora*, editado por Joseph E. Harris, 219-240. Washington D.C.: Harvard University Press.

Carter, Sheila. 1985. "Women in Carlos Guillermo Wilson's Chombo." *Afro-Hispanic Review* 4, nos. 2-3: 22-28.

Casillas, Rodolfo. 2008. "Las rutas de los centroamericanos por México, un ejercicio de caracterización, actores principales y complejidades." *Migración y desempleo* (primer semestre 2008): 157-174.

———. 2011. "The Dark Side of Globalized Migration: The Rise and Peak of Criminal Networks – The Case of Central Americans in Mexico." *Globalization* 28, no. 3: 295-310.

———. 2014. *Migración centroamericana en tránsito por México hacia Estados Unidos: Diagnóstico y recomendaciones. Hacia una visión integral, regional y de responsabilidad compartida*. México D.F.: Instituto Tecnológico Autónomo de México.

Carrasco González, Gonzalo. 2013. "La migración centroamericana en su tránsito por México hacia los Estados Unidos." *Alegatos. Revista del Departamento de Derecho de la UAM-Azcapotzalco*, no. 83 (enero-abril): 169-194.

Chomsky, Aviva. 1996. *West Indian Workers and the United Fruit Company in Costa Rica, 1870-1940*. Baton Rouge/London: Louisiana State University Press.

Clifford, James. 1992. "Travelling Cultures." En *Cultural Studies,* editado por Lawrence Grossberg, 96-116. New York: Routledge.

———. 1997. *Routes. Travel and Translation in the Late Twentieth Century*. Cambridge (MA)/London: Harvard University Press.

Cohen, Norm. 1981. *Long Steel Rail. The Railroad in American Folksong.* Urbana: University of Illinois Press.

Cohen, Robin. 1992. "The Diaspora of a Diaspora: The Case of the Caribbean." *Social Science Information* 31, no. 1: 159-169.

———. 2008. *Global Diasporas. An Introduction*. London/New York: Routledge.

Conniff, Michael L. 1985. *Black Labor in a White Canal: Panama 1904-1981*. Pittsburgh: University of Pittsburgh Press.

Corona Vázquez, Rodolfo, Jesús Montenegro Herrera y María Arcelia Serrano Vargas. 2009. "Flujos migratorios en la frontera Guatemala-México: una metodología para su observación." En *Flujos migratorios en la frontera Guatemala-México*, editado por María Eugenia Anguiano Téllez y Rodolfo Corona Vásquez, 33-65. México D.F.: Instituto Nacional de Migración, Centro de Estudios Migratorios, El Colegio de la Frontera, DGE Ediciones.

Correa, Juan. 2015. "Ferrocarriles y soberanía: el Ferrocarril de Panamá, 1850-1903." *América Latina en la Historia Económica* 22, no. 2 (mayo-agosto): 1-13.

Cresswell, Tim. 2006. *On The Move: Mobility in the Modern Western World*. New York/London: Routledge.

_____. 2010. "Towards a politics of mobility." *Environment and Planning D: Society and Space* 28: 17-31.

Dickerson, Caitlin y Kirk Semple. 2020. "U.S. Deported Thousands Amid Covid-19 Outbreak. Some Proved to Be Sick." *The New York Times* versión en línea, 18 de abril. Recuperado de https://www.nytimes.com/2020/04/18/us/deportations-coronavirus-guatemala.html

Floyd, Samuel A. Jr. 1993. “Troping the Blues: From Spirituals to the Concert Hall.” *Black Music Research Journal* 13, no. 1: 31-51.

Foucault, Michel. 1986. “Of Other Spaces.” Traducido por Jay Miskowiec. *Diacritics* 16, no.1: 22-27.

García Bernal, Gael y Víctor Núñez Jaime, eds. 2011. *72 Migrantes*. Oaxaca de Juárez: Editorial Almadía.

Gavett, Gretchen. 2011. “Map: The U.S. Immigration Detention Boom.” *Frontline* versión en línea, 18 de octubre. Recuperado de https://www.pbs.org/wgbh/frontline/article/map-the-u-s-immigration-detention-boom/

Gilroy, Paul. 1995. “Roots and Routes: Black Identity as an Outernational Project.” En *Racial and Ethnic Identity: Psychological Development and Creative Expression*, editado por Herbert W. Harris, Howard C. Blue y Ezra E.H Griffith, 15-30. New York/London: Routledge.

_____. 2002. *The Black Atlantic. Modernity and Double Consciousness*. London/New York: Verso.

_____. 2004. “Foreword: Migrancy, Culture, and a New Map of Europe.” En *Blackening Europe: The African American Presence*, editado por Heike Raphael-Hernandez, xi-xxii. Hoboken: Taylor and Francis Books.

Glissant, Édouard. 1999. *Caribbean Discourse: Selected Essays*. Traducido por Michael Dash. Charlottesville: University of Virginia.

Graham, Maryemma y Wilfried Raussert, eds. 2016. *Mobile and Entangled America(s)*. London/New York: Routledge.

Grinberg Pla, Valeria y Werner Mackenbach. 2006. “*Banana novel revis(it)ed*: etnia, género y espacio en la novela bananera centroamericana. El caso de *Mamita Yunai*.” *Iberoamericana* VI, no. 23: 161-176.

Guerrón Montero, Carla. 2014. "Afro-Antillean Presence in the Latin American Melting Pot." En *African Diaspora in the Cultures of Latin America, the Caribbean, and the United States*, editado por Persephone Braham, 29-45. Willmington: University of Delaware/Rowman & Littlefield.

Guillermoprieto, Alma. 2011. "Introducción." En *72 Migrantes*, editado por Gael García Bernal y Víctor Núñez Jaime, 17-22. Oaxaca de Juárez: Editorial Almadía.

Holdsworth, Clare. 2014. "Child." En *The Routledge Handbook of Mobilities*, editado por Peter Adey, David Bissell, Kevin Hannam y Mimi Sheller, 421-428. London/New York: Routledge.

Halbwachs, Maurice. 1967. *La mémoire collective*. Paris: Les Presses universitaires de France.

Hall, Stuart. 1990. "Cultural Identity and Diaspora." En *Identity: Community, Culture, Difference*, editado por Jonathan Rutherford, 222-237. London: Lawrence and Wishart.

Hannam, Kevin, Mimi Sheller y John Urry. 2006. "Mobilities, Immobilities and Moorings." *Mobilities* 1, no. 1: 1-22.

Harpelle, Ronald. 2001. *The West Indians of Costa Rica. Race, Class, and the Integration of an Ethnic Minority*. Quebec: McGill-Queen's University Press.

Harrington, Ralph. 2000. "The Railway Journey and the Neurosis of Modernity." *Clio medica*, 56: 229-59.

Henry, O. 1904. "The Admiral." En *Cabbages and Kings*, 130-143. New York: Doubleday, Page & Company.

Herzfeld, Anita. 1978. "Vida o muerte del criollo limonense." *Revista de Filología y Lingüística de la Universidad de Costa Rica* 4, no. 2: 17-24.

_____. 1983. "The Creoles of Costa Rica and Panama." En *Central American English*, editado por John Holm, 131-156. Heidelberg: Groos.

_____. 1994. "Language and Identity: The Black Minority of Costa Rica." *Revista de Filología y Lingüística de la Universidad de Costa Rica* 20, no. 1: 113-42.

Isthmian Canal Commission. 1909. *Canal Record. Volume 2: September 2, 1908 to August 25, 1909.* Mount Hope: Isthmian Canal Commission Printing Office. Recuperado de http://www.archive.org/details/panamacanalrecor02isth

Izcara Palacios, Simón. 2012a. "Coyotaje y grupos delictivos en Tamaulipas." *Latin American Research Review* 47, no. 3: 41-61.

_____. 2012b. "Opinión de los polleros tamaulipecos sobre la política migratoria estadounidense." *Migraciones Internacionales* 6, no. 3: 173-204.

Kaltmeier, Olaf. 2019. "General Introduction to the Routledge Handbook to the History and Society of the Americas." En *The Routledge Handbook to the History and Society of the Americas*, editado por Olaf Kaltmeier, Josef Raab, Michael Stewart Foley, Alice Nash, Stefan Rinke, y Mario Rufer, 1-12. Oxon/New York: Routledge.

_____ y Martin Breuer. 2020. "Social Inequality." En *The Routledge Handbook to the Political Economy and Governance of the Americas*, editado por Olaf Kaltmeier, Anne Tittor, Daniel Hawkins, y Eleonora Rohland, 205-220. Oxon/New York: Routledge.

Kaltmeier, Olaf, Josef Raab, Michael Stewart Foley, Alice Nash, Stefan Rinke, y Mario Rufer, eds. 2019. *The Routledge Handbook to the History and Society of the Americas*. Oxon/New York: Routledge.

Kaltmeier, Olaf, Anne Tittor, Daniel Hawkins, y Eleonora Rohland, eds. 2020. *The Routledge Handbook to the Political Economy and Governance of the Americas.* Oxon/New York: Routledge.

Kaufmann, Vincent, Manfred Max Bergmann y Dominique Joye. 2004. "Motility: Mobility as Capital." *International Journal of Urban and Regional Research* 28, no. 4 (diciembre): 745-756.

Kepner, Charles y Jay Soothill. 1976. *The Banana Empire. A Case Study of Economic Imperialism*. New York: Russel and Russel.

Kohut, Karl y Werner Mackenbach, eds. 2005. *Literaturas centroamericanas hoy. Desde la dolorosa cintura de América*. Frankfurt/Madrid: Iberoamericana.

Leite, Paula y Luis Felipe Ramos. 2009. "Migrantes devueltos por las autoridades migratorias de Estados Unidos." En *Flujos migratorios en la frontera Guatemala-México*, editado por María Eugenia Anguiano Téllez y Rodolfo Corona Vázquez, 305-332. México D.F.: Instituto Nacional de Migración, Centro de Estudios Migratorios, El Colegio de la Frontera, DGE Ediciones.

López Collada, Alfonso. 2011. "7. Migrante aún no identificado." En *72 Migrantes*, editado por Gael García Bernal y Víctor Núñez Jaime, 42-43. Oaxaca de Juárez: Editorial Almadía.

Luz, Anna. 2006. "Places-in between: The Transit(ional) Locations of Nomadic Narration." En *Place and Location Studies in Environmental Aesthetics and Semiotics*, editado por Eva Näripéa, Virve Sarapik, y Iaak Tomberg, 146-165. Tallin: Paik. En imprenta.

Mackenbach, Werner. 2006. "Banana Novel Revisited: *Mamita Yunai* o los límites de la construcción de la nación desde abajo." *Káñina, Revista de Artes y Letras de la Universidad de Costa Rica* 30, no. 2: 129-138.

Magness, Phillip. 2008. "Benjamin Butler's Colonization Testimony Reevaluated." *Journal of the Abraham Lincoln Association* 29, no. 1: 1-28.

_____ y Sebastian Page. 2011. *Colonization after Emancipation. Lincoln and the Movement for Black Resettlement*. Columbia/London: University of Missouri Press.

Martínez, Gabriela, Salvador David Cobo y Juan Carlos Narváez. 2015. "Trazando rutas de la migración de tránsito irregular o no documentada por México." *Perfiles latinoamericanos* 23, no. 45: 127-155.

Massey, Doreen. 1993. "Power-geometry and a progressive sense of place." En *Mapping the Futures. Local Cultures, Global Change*, editado por Jon Bird, Barry Curtis, Tim Putham, George Robertson y Lisa Tickner, 59-69. London: Routledge.

Maurer, Noel y Carlos Yu. 2011. *The Big Ditch: How America Took, Built, Ran, and Ultimately Gave Away the Panama Canal*. Princeton: Princeton University Press.

Maxile, Horace J. Jr. 2011. "Extensions on a Black Musical Tropology: From Trains to the Mothership (and Beyond)." *Journal of Black Studies* 42, n. 2: 593-608.

McCullough, David. 1977. *The Path Between the Seas. The Construction of the Panama Canal 1870-1914*. New York: Simon and Schuster.

Miroff, Nick. 2019. "Under secret Stephen Miller plan, ICE to use data on migrant children to expand on deportation efforts." *The Washington Post* (Immigration) versión en línea, 20 de diciembre. Recuperado de https://www.washingtonpost.com/immigration/under-secret-stephen-miller-plan-ice-to-use-data-on-migrant-children-to-expand-deportation-efforts/2019/12/20/36975b34-22a8-11ea-bed5-880264cc91a9_story.html?fbclid=IwAR3qnVyg5N5vRi72631SvzCf6i7s7i8cTGElSRExcwU5c8Gj4BLtelVGhG4

Moinester, Margot. 2018. "Beyond the Border and Into the Heartland: Spatial Patterning of U.S. Immigration Detention." *Demography* 55: 1147-1193.

Muñoz Muñoz, Marianela. 2019. "Afrocentroamericaneidades: dislocación del istmo y translocación caribeña y diaspórica." *Estudios* 38 (junio-noviembre): 1-14.

Nora, Pierre. 1989. "Between Memory and History: Les Lieux de Mémoire." Traducido por Marc Roudebush. *Representations* 26, Número especial *Memory and Counter-Memory* (Primavera): 7-24.

Núñez Palacios, Susana y Gonzalo Carrasco González. 2005. "Tráfico de migrantes indocumentados en la frontera México-Estados Unidos." *Alegatos. Revista del Departamento de Derecho de la UAM-Azcapotzalco*, no. 61 (setiembre-diciembre): 623-646.

O'Reggio, Trevor. 2006. *Between Alienation and Citizenship. The Evolution of Black West Indian Society in Panama 1914-1964*. Lanham: University Press of America.

Olien, Michael D. 1977. "The Adaptation of West Indian Blacks to North American and Hispanic Culture in Costa Rica." En *Old Roots New Lands. Historical and Anthropological Perspectives on Black Experiences in the Americas*, editado por Ann M. Pescatello, 132-156. Westport et al: Greenwood Press.

Palacios, Elizabeth. "Las 72 muertes anunciadas." En *72 Migrantes*, editado por Gael García Bernal y Víctor Núñez Jaime, 23-28. Oaxaca de Juárez: Editorial Almadía.

Pérez Brignoli, Héctor. 2018. *Historia global de América Latina del siglo XXI a la independencia*. Madrid: Alianza Editorial.

Pérez-Bustillo, Camilo y Karla Hernández Mares. 2016. *Human Rights, Hegemony, and Utopia in Latin America. Poverty, Forced Migration and Resistance in Mexico.* Leiden/Boston: Koninklijke Brill.

Pierce, Sarah, Jessica Bolter y Andrew Selee. 2018. *U.S. Immigration Policy under Trump: Deep Changes and Lasting Impacts.* Washington D.C.: Migration Policy Institute.

Portes, Alejandro. 1996. "Global Villagers: The Rise of Transnational Communities." *The American Prospect* 7, no. 25: 1-8.

Pulido Ritter, Luis. 2013. "La 'novela canalera' en Carlos Guillermo 'Cubena' Wilson." *Cuadernos Intercambio* 10.10, no. 11: 31-47.

Putnam, Lara. 1999. "Ideología racial, práctica social y Estado Liberal en Costa Rica." *Revista de Historia de la Universidad Nacional de Costa Rica* 39: 139-186.

Quesada Monge, Rodrigo. 2013. *Keith en Centroamérica. Imperios y empresarios en el siglo XIX*. San José: Editorial Universidad Estatal a Distancia.

Quijano, Aníbal. 2007. "Colonialidad del poder y clasificación social." En *El giro decolonial: reflexiones para una diversidad epistémica más allá del capitalismo global*, editado por Santiago Castro-Gómez y Ramón Grosfoguel, 93-126. Bogotá: Siglo del Hombre.

Raussert, Wilfried. 2014. "Mobilizing 'America/América': Toward Entangled Americas and a Blueprint for Inter-American 'Area Studies'." *FIAR. Forum for Inter-American Research* 7, no. 3: 59-97.

_____. 2015. "Selección de tropos claves en los Estudios Interamericanos: Formas de mirar a las Américas entrelazadas." En *Key Tropes in Inter-American Studies. Perspectives from the forum for inter-american research (fiar)*, editado por Wilfried Raussert, Brian Rozema, Yolanda Campos y Marius Littschwager, 1-11. Trier: WVT / Arizona: Bilingual Press, Editorial Bilingüe.

_____. 2017. "Introduction." In *The Routledge Companion to Inter-American Studies*, editado por Wilfried Raussert, 1-12. London/New York: Routledge.

_____, José Carlos Lozano, Giselle Anatol, Sarah Corona Berkin, y Sebastian Thies, eds. 2019. *The Routledge Companion to Culture and Media of the Americas*. Oxon/New York: Routledge.

Ravasio, Paola. 2020. *Black Costa Rica: Pluricentrical Belongingness in Afra-Costa Rican Poetry*. Würzburg: Würzburg University Press.

Ricoeur, Paul. 2000. "L'écriture de l'histoire et la répresentation du passé." *Annales. Histoire, Sciences Sociales* 55, no. 4: 731-747.

Roach, Joseph. 1996. *Cities of the Dead. Circum-Atlantic Performance*. New York: Columbia University Press.

Rodríguez, Ana Patricia. 2009. *Dividing the Isthmus. Central American Transnational Histories, Literatures, and Cultures.* Austin: University of Texas Press.

Rosenblum, Marc e Isabell Ball. 2016. *Trends in Unaccompanied Child and Family Migration from Central America*. Washington, DC: Migration Policy Institute.

S.A. 1908. "Fourteen Dead and Fifty Injured at Bas Obispo." *Los Angeles Herald* 36, no. 74, versión en línea, 14 de diciembre. Recuperado de https://cdnc.ucr.edu/?a=d&d=LAH19081214.2.34&e=-------en--20--1--txt-txIN--------1.

Safran, William. 1991. "Diasporas in Modern Societies: Myths of Homeland and Return." *Diaspora* 1, no. 1: 83-99.

Santamaría, Gema. 2013. "La difusión y contención del crimen organizado en la subregión México-Centroamérica." En *The Criminal Diaspora: The Spread of Transnational Organized Crime and How to Contain Its Expansion*, editado por Juan Carlos Garzón y Eric L. Olson, 59-99. Washington, DC: Woodrow Wilson Center.

Schivelbusch, Wolfgang. 2014. *The Railway Journey. The Industrialization of Time and Space in the Nineteenth Century*. Oakland: University of California Press.

Senior, Diana. 2011. *Ciudadanía afrocostarricense. El gran escenario comprendido entre 1927 y 1963*. San Jose: Editorial Universidad Estatal a Distancia.

Sheller, Mimi. 2014. "The New Mobilities Paradigm for a Live Sociology." *Current Sociology Review* 62, no. 6: 789-811.

_____ y John Urry. 2006. "The new mobilities paradigm." *Environment and Planning A* 38: 207–26.

Silver, Marc y Gael García Bernal. 2010. *Los invisibles*. México D.F.: Canana Films. Recuperado de https://www.youtube.com/watch?v=m2JAu0cLEwc.

Skeggs, Beverley. 2004. *Class, Self, Culture*. London: Routledge.

Smart, Ian. 1984. *Central American Writers of West Indian Origin. A New Hispanic Literature*. Washington: Three Continent Press.

Soluri, John. 2005. *Banana Cultures. Agriculture, Consumption, and Environmental Change in Honduras and the United States*. Austin: University of Texas.

Thompson, Peter. 2014. "Railways." En *The Routledge Handbook of Mobilities*, editado por Peter Adey, David Bissell, Kevin Hannam y Mimi Sheller, 214-224. London/New York: Routledge.

Tsing, Anna. 2002. “The global situation.” En *The Anthropology of Globalization: A Reader*, editado por Jonathan Inda y Renato Rosaldo, 453-485. Blackwell: Oxford.

United Nations Children’s Fund (UNICEF). 2020. “COVID-19: Dangers mount for migrant children forcibly returned to northern Central America and Mexico during Pandemic.” *Unicef.org*, mayo 21. Recuperado de https://www.unicef.org/press-releases/covid-19-dangers-mount-migrant-children-forcibly-returned-northern-central-america.

Urry, John. 2000. *Sociology Beyond Societies: Mobilities for the Twenty-First Century*. London et al: Routledge.

Varela Huerta, Amarela. 2017. “Las masacres de migrantes en San Fernando y Cadereyta: dos ejemplos de gubernamentalidad necropolítica.” *Iconos*, n. 58. Recuperado de https://www.redalyc.org/jatsRepo/509/50950776006/html/index.html.

Viales Hurtado, Ronny J. 2013. “La segunda colonización de la región Atlántico/Caribe Costarricense. Del siglo XVI hasta la construcción de la red ferroviaria.” En *La conformación histórica de la región Atlántico/Caribe costarricense: (Re)interpretaciones sobre su trayectoria entre el siglo XVI y XXI*, editado por Ronny Viales, 89-126. San José: Editorial Costa Rica.